NASCIDO EM UM DIA AZUL

DANIEL TAMMET

Nascido em um dia azul

Por dentro da mente de um autista extraordinário

TRADUÇÃO DE
Ivo Korytowski

intrínseca

TÍTULO ORIGINAL
Born on a Blue Day: inside the extraordinary mind of an autistic savant

REVISÃO
Damião Nascimento
Isabel Newlands

DIAGRAMAÇÃO
Ilustrarte Design e Produção Editorial

CAPA E PROJETO GRÁFICO
Mariana Newlands

IMAGEM DA CAPA
Susanne Dittrich/zefa /Corbis /LatinStock

CIP-BRASIL. CATALOGAÇÃO-NA-FONTE. SINDICATO NACIONAL DOS EDITORES DE LIVROS, RJ.

T162n Tammet, Daniel, 1979-
Nascido em um dia azul: por dentro da mente de um autista extraordinário / Daniel Tammet ; tradução de Ivo Korytowski. – Rio de Janeiro : Intrínseca, 2007.
il.

Tradução de: Born on a blue day: inside the extraordinary mind of an autistic savant
ISBN 978-85-98078-27-4

1. Tammet, Daniel, 1979- – Saúde mental. 2. Autismo – Pacientes – Inglaterra – Biografia. 3. Savants (Síndrome savant) – Inglaterra – Biografia. I. Título.

07-3720 CDD 920.9362
CDU 929:616.895.8

[2007]

EDITORA INTRÍNSECA LTDA.
Rua dos Oitis, 50
22451-050 - Gávea
Rio de Janeiro - RJ
Telefone: (21) 3874-0914
Fax: (21) 3874-0578
www.intrinseca.com.br

Aos meus pais,
por ajudarem a me tornar a pessoa que sou,
e a Neil,
por estar sempre do meu lado

Agradecimentos

Gostaria de agradecer às seguintes pessoas, sem as quais este livro jamais seria possível:

Meus pais, Jennifer e Kevin, por todo o seu amor e paciência e por tudo que me ensinaram

Meus irmãos Lee, Steven e Paul, e minhas irmãs Claire, Maria, Natasha, Anna-Marie e Shelley, por seu amor e compreensão

Rehan Qayoom, meu melhor amigo dos tempos de escola

Elfriede Corkhill, meu professor favorito

Ian e Elaine Moore; Ian e Anna Williams; Olly e Ash Jeffery, meus melhores amigos

Birutė Ziliene, a pessoa em quem penso quando lembro de meus tempos na Lituânia

Sigriður Kristinsdóttir, minha instrutora islandesa

Suzy Seraphine-Kimel e Julien Chaumon, por toda a ajuda com o meu *site* Optimnem.co.uk

Martin, Steve, Toby, Dan e Nicola, a equipe por trás do documentário *Brainman*

Karen Ammond, por me mostrar o poder do entusiasmo

Andrew Lownie, meu agente literário

Rowena Webb, Helen Coyle e Kerry Hood da editora Hodder, pela ajuda e conselhos neste livro

Bruce Nichols e equipe da Free Press, pela ajuda na edição norte-americana

Finalmente, meu companheiro, Neil, por ser quem ele é

Sumário

Nota do tradutor

A síndrome de *savant* foi identificada por John Langdon Down, que também identificou a conhecida síndrome de Down. Langdon empregou o termo *idiot savant syndrome* (síndrome do sábio idiota). O lógico seria traduzir o nome da síndrome, mas, no Brasil, consagrou-se a denominação "síndrome de *savant*" ou "savantismo", bem como a designação *savant* para seus portadores.

I
Noves azuis e palavras vermelhas

Nasci em 31 de janeiro de 1979 — uma quarta-feira. Sei que foi uma quarta-feira porque a data é azul na minha mente e as quartas-feiras são sempre azuis, como o número nove ou o som de vozes altas discutindo. Gosto de minha data de nascimento, pela maneira como consigo visualizar a maioria dos números nela como formas regulares e redondas, semelhantes a seixos numa praia. Isto porque são números primos: 31, 19, 197, 97, 79 e 1979 são todos divisíveis somente por si próprios e por 1. Consigo reconhecer todos os primos até 9.973 graças ao fato de serem "semelhantes a seixos". É assim que meu cérebro funciona.

Tenho um distúrbio raro conhecido como síndrome de *savant*, pouco conhecido até ser retratado pelo ator Dustin Hoffman no filme vencedor do Oscar de 1988 *Rain Man*. Como o personagem de Hoffman, Raymond Babbitt, sinto uma necessidade quase obsessiva de ordem e rotina que afeta praticamente todos os aspectos de minha vida. Por exemplo, eu como exatamente 45 gramas de mingau no café-da-manhã; peso a tigela em uma balança eletrônica para ter certeza. Depois conto o número de peças da roupa que estou trajando antes de sair de casa. Fico ansioso se não consigo beber minhas xícaras de chá nos mesmos horários todos os dias. Sempre que fico tenso e não consigo respirar direito, fecho os olhos e conto. Pensar em números me ajuda a recuperar a calma.

Os números são meus amigos e estão sempre à minha volta. Cada um deles é único, com sua própria personalidade. O número 11 é amigável e 5 é ruidoso, enquanto 4 é tímido e quieto — meu número favorito, talvez por me lembrar de mim mesmo. Alguns são grandes — 23, 667, 1.179 — enquanto outros são pequenos: 6, 13, 581. Alguns são bonitos, como 333, e outros são feios, como 289. Para mim, cada número é especial.

Não importa aonde eu vá ou o que esteja fazendo, os números nunca se afastam do meu pensamento. Quando fui entrevistado no *talk show* de David Letterman, em Nova York, eu disse a David que ele parecia o número 117 — alto e magricela. Mais tarde, lá fora, na Times Square, nome que também lembra números*, ergui o olhar para os arranha-céus imponentes e senti-me cercado de noves — o número que mais associo a sensações de imensidão.

Os cientistas chamam a minha experiência visual, emocional dos números de sinestesia, uma rara mistura neurológica dos sentidos, que costuma resultar na capacidade de ver letras do alfabeto e/ou números com cores. A minha sinestesia é de um tipo incomum e complexo, pela qual vejo os números como formas, cores, texturas e movimentos. O número 1, por exemplo, é de um branco brilhante, como se alguém apontasse uma lanterna nos meus olhos. Cinco é uma trovoada ou o som de ondas batendo nas rochas. Já o 37 é grumoso feito mingau, enquanto o 89 lembra neve caindo.

37

89

(*) O nome Times Square, a famosa área de Manhattan, se deve ao jornal *New York Times*, que se mudou para lá no início do século XX. Mas *times* também significa vezes: 5 times 5 é 5 vezes 5. (N. do T.)

Provavelmente o caso mais famoso de sinestesia foi aquele, descrito durante um período de trinta anos, a partir da década de 1920, pelo psicólogo russo A. R. Luria, de um jornalista chamado Shereshevsky com uma memória prodigiosa. "S", como Luria o chamou em suas anotações para o livro *A mente e a memória*, possuía uma memória altamente visual que lhe permitia "ver" palavras e números como formas e cores diferentes. "S" era capaz de lembrar uma matriz de 50 dígitos após examiná-la por três minutos, momentos após vê-la e ainda muitos anos mais tarde. Luria considerou as experiências sinestésicas de Shereshevsky a base de sua notável memória de curto e longo prazo.

Valendo-me de minhas próprias experiências sinestésicas desde a infância remota, cresci com a capacidade de manusear e calcular números imensos na minha cabeça sem nenhum esforço consciente, como o personagem Raymond Babbitt. Na verdade, este é um talento comum a vários outros *savants* da vida real (às vezes chamados de "calculadoras-relâmpago"). O Dr. Darold Treffert, um médico de Wisconsin e importante pesquisador dessa síndrome, dá um exemplo de um homem cego com "a faculdade de calcular num grau quase assombroso" em seu livro *Extraordinary people*:

> Quando lhe perguntaram quantos grãos de milho haveria em qualquer uma das 64 caixas, com 1 na primeira, 2 na segunda, 4 na terceira, 8 na quarta, e assim por diante, ele deu as respostas para a décima quarta (8.192), para a décima oitava (131.072) e para a vigésima quarta (8.388.608) instantaneamente, e deu a cifra para a quadragésima oitava caixa (140.737.488.355.328) em seis segundos. Ele também disse corretamente o total das 64 caixas (18.446.744.073.709.551.616) em 45 segundos.

Meu tipo de cálculo favorito é a potenciação, que significa multiplicar um número por si mesmo um número especificado de vezes. Multiplicar um número por si mesmo chama-se elevar ao quadrado; por exemplo, o quadrado de 72 é 72 x 72 = 5.184. Os quadrados são sempre formas simétricas na minha mente, tornando-os especificamente bonitos para mim. Multiplicar o mesmo número três vezes chama-se elevar ao cubo ou à terceira potência. O cubo, ou terceira potência, de 51 é equivalente a 51 x 51 x 51 = 132.651. Vejo cada resultado de uma potência como um padrão visual característico na minha cabeça. À medida que as operações e seus resultados crescem, as formas e cores mentais que experimento tornam-se cada vez mais complexas. Eu vejo a quinta potência de 37 (37 x 37 x 37 x 37 x 37 = 69.343.957) como um círculo grande composto de círculos menores girando no sentido horário.

Quando divido um número pelo outro, na minha cabeça vejo uma espiral rodando para baixo em circuitos cada vez maiores, que parecem se deformar e curvar. Diferentes divisões produzem diferentes tamanhos de espirais com curvas variadas. Com base na minha imagística mental, consigo efetuar um cálculo como 13 ÷ 97 (0,1340206...) até quase cem casas decimais.

Nunca anoto nada quando estou calculando, porque sempre consegui fazer as operações de cabeça, e é muito mais fácil para mim visualizar a resposta usando minhas formas sinestésicas do que tentar seguir as técnicas de "vai um" ensinadas nos livros escolares. Ao multiplicar, vejo os dois números como formas diferentes. A imagem muda, e uma terceira forma emerge — a resposta certa. O processo leva alguns segundos e ocorre espontaneamente. É como praticar matemática sem ter de pensar.

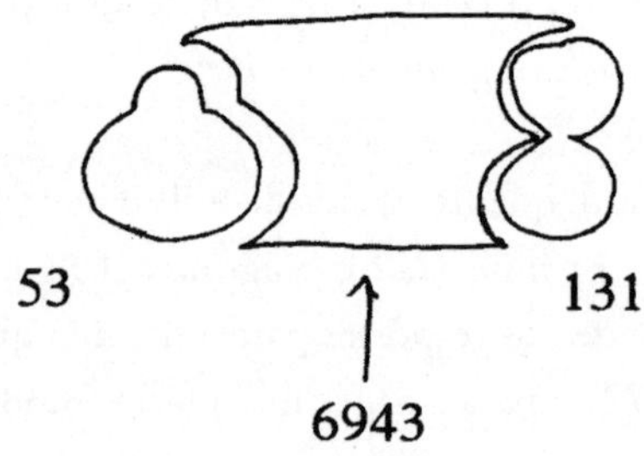

Na ilustração acima estou multiplicando 53 por 131. Vejo cada número como uma forma singular e os localizo espacialmente em frente um do outro. O espaço criado entre as duas formas cria uma terceira, que percebo como um número novo: 6.943, a solução da operação.

Tarefas diferentes envolvem formas diferentes, e também tenho sensações ou emoções variadas para certos números. Sempre que multiplico por 11, experimento uma sensação dos dígitos desabando sobre a minha cabeça. Dentre todos os números, os seis são os mais difíceis de lembrar, porque os experimento como pontos pretos minúsculos, sem qualquer forma ou textura característica. Eu os descreveria como pequenas lacunas ou buracos. Tenho reações visuais e às vezes emocionais para cada número até 10 mil, como se tivesse meu próprio vocabulário visual e numérico. Assim como a escolha das palavras por um poeta, algumas combinações de números me parecem mais bonitas do que outras: os uns combinam bem com números mais escuros como oitos e noves, mas não tão bem com os seis. Um número de telefone com a seqüência 189 é muito mais bonito para mim do que um com uma seqüência como 116.

Esta dimensão estética da minha sinestesia é algo com altos e baixos. Se vejo um número particularmente bonito num cartaz de loja ou placa de carro, estremeço de empolgação e prazer. Por outro lado, se os números não correspondem à minha experiência deles — se, por exemplo, o cartaz da loja indica um preço de "99 *pence*" em vermelho ou verde (em vez de azul) —, acho isto incômodo e irritante.

Não se sabe quantos *savants* possuem experiências sinestésicas para ajudá-los nas áreas em que se destacam. Um motivo é que, assim como Raymond Babbitt, muitos sofrem de incapacidade profunda, impedindo-os de explicar aos outros como conseguem fazer as coisas que fazem. Tenho a sorte de não sofrer de nenhum dos distúrbios mais graves que costumam acompanhar habilidades como as minhas.

Como a maioria dos indivíduos com a síndrome de *savant*, também estou no espectro autístico. Sofro da síndrome de Asperger, uma forma de autismo relativamente branda de alto nível funcional que afeta cerca de uma em cada trezentas pessoas no Reino Unido. De acordo com um estudo de 2001 da National Autistic Society do Reino Unido, quase metade de todos os adultos com síndrome de Asperger são diagnosticados só após os 16 anos. Fui enfim diagnosticado aos 25 após exames e uma entrevista no Centro de Pesquisa do Autismo de Cambridge.

O autismo, incluindo a síndrome de Asperger, é definido pela presença de distúrbios que afetam a interação social, a comunicação e a imaginação (problemas com pensamento abstrato ou flexível e empatia, por exemplo). O diagnóstico não é fácil e não pode ser obtido por um exame de sangue ou tomografia cerebral. Os médicos precisam observar o comportamento e estudar o histórico de desenvolvimento do indivíduo desde a infância.

Pessoas com síndrome de Asperger costumam ter boas habilidades lingüísticas e levar vidas relativamente normais. Muitas possuem QIs acima da média e se destacam em áreas que envolvem pensamento lógico ou visual. Como outras formas de autismo, a síndrome de Asperger é um distúrbio que afeta muito mais homens do que mulheres (cerca de 80% dos autistas e 90% daqueles diagnosticados com síndrome de Asperger são homens). A fixidez mental é uma característica definidora, assim como um forte impulso por analisar detalhes e identificar regras e padrões em sistemas. Habilidades especializadas envolvendo memória, números e matemática são comuns. Não se sabe ao certo o que faz alguém sofrer de síndrome de Asperger, embora o indivíduo já nasça com ela.

Até onde vai minha lembrança, sempre senti os números dessa forma visual, sinestésica. Os números são minha primeira língua, na qual com freqüência penso e sinto. Pode ser difícil para mim entender as emoções ou saber como reagir a elas, de modo que muitas vezes os números me ajudam. Se um amigo diz que se sente triste ou deprimido, imagino-me sentado no vazio escuro do número seis para tentar experimentar a mesma espécie de sentimento e compreendê-lo. Se leio num artigo que uma pessoa se sentiu intimidada por algo, imagino-me ao lado do número nove. Sempre que alguém descreve a visita a um lugar bonito, lembro minhas paisagens numéricas e a felicidade interior que me trazem. Desse modo, os números realmente me ajudam a entender outras pessoas.

Às vezes, pessoas que vejo pela primeira vez me lembram um número específico, o que me deixa mais à vontade perto delas. Elas podem ser muito altas e lembrar o número nove, ou redondas e lembrar o número três. Caso me sinta infeliz ou ansioso, ou numa situação da qual não tenho experiência anterior (quando aumenta minha tendência a me sentir estressado e perturbado), faço uma contagem mental. Quando conto os números, eles formam figuras e padrões em minha mente que são regulares e me tranqüilizam. Aí consigo relaxar e interagir com qualquer situação em que me encontre.

Pensar em calendários sempre me traz uma sensação boa, todos aqueles números e padrões num só lugar. Dias da semana diferentes suscitam cores e emoções diferentes na minha cabeça: as terças-feiras são uma cor quente, enquanto as quintas-feiras são nebulosas. Cálculos de calendário — a capacidade de dizer em que dia da semana caiu ou cairá uma data específica — são comuns a muitos *savants*. Acho que isto provavelmente se deve ao fato de que os números nos calendários são previsíveis e formam padrões entre os diferentes dias e meses. Por exemplo, o décimo terceiro dia de um mês cai sempre dois dias antes daquele em que cai o primeiro dia, exceto em anos bissextos, enquanto vários meses imitam o comportamento de outros, como janeiro e outubro, setembro e dezembro, fevereiro e março (o primeiro dia de fevereiro cai no mesmo dia de semana que o primeiro dia de março). Portanto, se primeiro de fevereiro é uma textura nebulosa em minha mente (quinta-feira) para um dado ano, o dia 13 de março será uma cor quente (terça-feira).

Em seu livro *O homem que confundiu sua mulher com um chapéu*, o escritor e neurologista Oliver Sacks menciona o caso dos gêmeos John e Michael, portadores de um alto grau de autismo, como um exemplo de quão longe alguns *savants* conseguem levar os cálculos de calendário. Embora incapazes de cuidar de si próprios (estiveram internados em várias instituições para doentes mentais desde os 7 anos), os gêmeos eram capazes de calcular o dia da semana de qualquer data num intervalo de quarenta mil anos.

Sacks também descreve John e Michael jogando um jogo que envolvia permutar números primos entre eles por horas a fio. Como os gêmeos, sempre fui fascinado pelos números primos. Vejo cada primo como uma forma de textura uniforme, diferente dos números compostos (não-primos) que são mais granulosos e menos especiais. Sempre que identifico um número como primo, uma sensação irrompe na minha cabeça (na parte central dianteira) difícil de explicar em palavras. É um sentimento especial, como a sensação súbita de alfinetes e agulhas.

Às vezes fecho os olhos e imagino os primeiros trinta, cinqüenta, cem números de acordo com minha experiência espacial e sinestésica deles. Aí consigo ver na imaginação quão bonitos e especiais são os primos pela maneira como se destacam tão fortemente das formas dos outros números. Exatamente por esta razão olho sem parar para eles; cada um tão diferente do anterior e do posterior. Sua solidão entre os demais números é o que os torna tão visíveis e interessantes para mim.

Existem momentos, como quando estou adormecendo à noite, em que minha mente se enche subitamente de uma luz brilhante, e tudo que consigo ver são números — centenas, milhares deles — flutuando rapidamente acima dos meus olhos. A experiência é bonita e tranqüilizadora. Algumas noites, quando tenho dificuldade em adormecer, imagino-me percorrendo minhas paisagens numéricas. Aí me sinto seguro e feliz. Nunca me senti perdido, porque as formas dos números primos funcionam como postes indicadores.

Os matemáticos também passam muito tempo pensando nos números primos, em parte porque não existe um método rápido ou simples de testar se um número é ou não primo. O mais conhecido chama-se "o crivo de Eratóstenes", em homenagem a um sábio grego antigo, Eratóstenes de Cirene. O método do crivo funciona assim: escreva os números que você quer testar, por exemplo, 1 a 100. Começando pelo 2 (1 não é primo nem composto), risque cada segundo número: 4, 6, 8... até 100. Depois passe para o 3 e risque cada terceiro número: 6, 9, 12... Em seguida, vá para o 4 e risque cada quarto número: 8, 12, 16... e assim por diante, até restarem uns poucos números que nunca são riscados: 2, 3, 5, 7, 11, 13, 17, 19, 23, 29, 31... Estes são os números primos; os blocos de construção de meu mundo numérico.

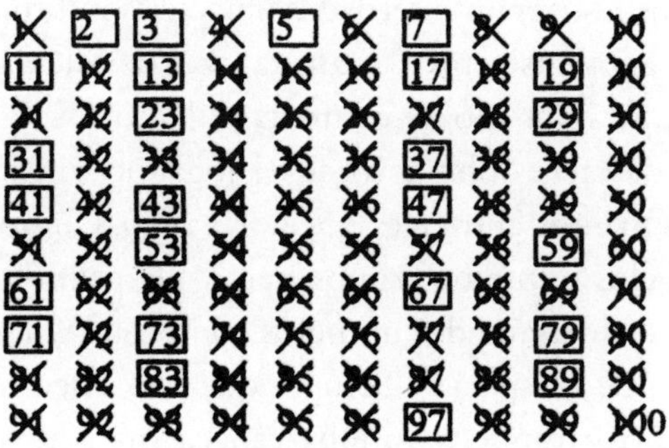

A minha sinestesia também afeta como percebo as palavras e a língua. A palavra *ladder* (*escada*), por exemplo, é azul e brilhante, enquanto *hoop* (*aro*) é uma palavra macia e branca. O mesmo acontece quando leio palavras em outra língua: *jardin*, a palavra francesa para "jardim", é um amarelo indistinto, enquanto *hnugginn* — "triste" em islandês — é branca com montes de pontinhos azuis. Os pesquisadores da sinestesia têm relatado que as palavras coloridas tendem a obter suas cores da letra inicial, e isto costuma ocorrer comigo: *yogurt* (*iogurte*) é uma palavra amarela, *video* (vídeo) é púrpura (talvez por associação a "violeta") e *gate* (*portão*) é verde. Posso até mudar a cor de uma palavra acrescentando mentalmente letras iniciais para transformar a palavra em outra: *at* (*em*) é uma palavra vermelha, mas acrescente a letra *H* para obter *hat* (*chapéu*) e ela se torna uma palavra branca. Se então eu acrescentar uma letra *T* para formar *that* (*aquilo*), a cor da palavra torna-se laranja. Nem todas as palavras se enquadram no padrão da inicial: palavras começando com a letra *A*, por exemplo, são sempre vermelhas e aquelas que começam com *W* são sempre azul-escuras.

Algumas palavras são perfeitas para as coisas que descrevem. *Raspberry* (*framboesa*) é uma palavra vermelha e uma fruta vermelha, enquanto *grass* (*grama*) e *glass* (*vidro*) são ambas palavras verdes que descrevem coisas verdes. As palavras começando com a letra *T* são sempre laranja, como *tulip* (*tulipa*) ou *tiger* (tigre) ou *tree* (árvore) no outono, quando as folhas ficam alaranjadas.

Inversamente, algumas palavras não me parecem combinar com as coisas que descrevem: *geese* (gansos) é uma palavra verde mas descreve aves brancas (para mim, *heese* seria uma opção melhor), a palavra *white* (branco) é azul enquanto *orange* (laranja) é clara e brilhante feito gelo. *Four* (quatro) é uma palavra azul, mas um número pontudo, ao menos para mim. A cor de *wine* (vinho, uma palavra azul) é melhor descrita pela palavra francesa *vin*, que é púrpura.

Ver as palavras em diferentes cores e texturas ajuda minha memória de fatos e nomes. Por exemplo, lembro que o ciclista vencedor de cada estágio do Tour de France ganha uma camisa de malha amarela (não verde, ou vermelha, ou azul) porque a palavra *jersey* (camisa de malha) é amarela para mim. De forma semelhante, consigo lembrar que a bandeira da Finlândia possui uma cruz azul (sobre um fundo branco) porque a palavra *Finland* é azul (como todas as palavras começando pela letra *F*). Quando sou apresentado a alguém, costumo lembrar do nome da pessoa pela cor da palavra: os Richards são vermelhos; os Johns, amarelos; e os Henrys, brancos.

Isto também me ajuda a aprender outras línguas com rapidez e facilidade. Atualmente sei dez línguas: inglês (minha língua nativa), finlandês, francês, alemão, lituano, esperanto, espanhol, romeno, islandês e galês. Associar as diferentes cores e emoções que sinto com cada palavra ao seu significado ajuda a dar vida às palavras. Por exemplo, a palavra finlandesa *tuli* é laranja para mim e significa "fogo". Quando leio ou penso sobre a palavra imediatamente vejo a cor na minha cabeça, o que evoca o significado. Outro exemplo é a palavra galesa *gweilgi*, que é uma cor verde e azul-escura e significa "mar". Acho que é uma palavra ótima para descrever as cores do mar. Há também a palavra islandesa *rökkur*, que significa "crepúsculo" ou "anoitecer". É uma palavra carmesim e, quando a vejo, faz-me pensar num pôr-do-sol cor de sangue.

Lembro que, quando criança, durante uma de minhas idas freqüentes à biblioteca local, passei horas folheando um livro após o outro tentando, em vão, encontrar algum com meu nome. Porque havia tantos livros na biblioteca, com tantos nomes diferentes, eu achava que um deles — em algum lugar — devesse ser meu. Eu não entendia na época que o nome de uma pessoa aparece num livro porque ela o escreveu. Agora que tenho 26 anos, sei como funcionam as coisas. Para chegar a encontrar algum dia o meu livro, eu teria de escrevê-lo primeiro.

Escrever sobre a minha vida me deu a oportunidade de obter um panorama de quão longe cheguei e traçar a curva de minha jornada até o presente. Se alguém tivesse contado aos meus pais, dez anos atrás, que eu estaria vivendo com total independência, com um relacionamento amoroso e uma carreira, acho que não teriam acreditado, e estou certo de que eu tampouco teria. Este livro lhe contará como cheguei lá.

Meu irmão mais novo, Steven, foi recentemente diagnosticado com a mesma forma de autismo de alto nível funcional que eu possuo. Aos 19 anos, está enfrentando uma série de desafios que eu também enfrentei ao crescer, problemas relacionados com a ansiedade, a solidão e a incerteza sobre o futuro. Quando eu era criança, os médicos não conheciam a síndrome de Asperger (ela só foi reconhecida como um distúrbio individual em 1994); assim, durante muitos anos, cresci sem entender por que me sentia tão diferente de meus colegas e separado do mundo à minha volta. Ao escrever sobre minhas próprias experiências de crescer dentro do espectro autístico, espero poder ajudar outros jovens vivendo com autismo de alto nível funcional, como meu irmão Steven, a se sentirem menos isolados e terem confiança no conhecimento de que é possível, em última análise, levar uma vida feliz e produtiva. Sou a prova viva disto.

2
Primeiros anos

Era uma manhã de janeiro gélida na zona leste de Londres. Minha mãe, Jennifer, grávida de mim, num estágio já avançado da gestação, sentada silenciosamente, olhava pela única janela grande do apartamento a rua estreita e gelada embaixo. Meu pai, Kevin, que costumava levantar cedo, surpreendeu-se por encontrá-la acordada, ao entrar com o jornal do dia comprado na loja ali perto. Preocupado de que algo pudesse estar errado, aproximou-se em silêncio e segurou-lhe a mão. Ela parecia cansada, como parecera nas últimas semanas, e permaneceu imóvel, com o olhar fixo e calmo. Depois, lentamente, virou-se na direção dele, o rosto marcado pela emoção, enquanto suas mãos pairavam suavemente sobre a barriga, e disse: "Aconteça o que acontecer, nós o amaremos, simplesmente o amaremos." Minha mãe pôs-se a chorar, e meu pai comprimiu as mãos dela dentro das suas e assentiu com a cabeça, em silêncio.

Ela sempre se considerara uma excluída quando criança; suas lembranças mais remotas haviam sido de irmãos velhos demais para brincarem com ela (eles saíram de casa quando ela ainda era pequena) e dos próprios pais como bem rígidos e distantes. Sem dúvida, ela havia sido amada, mas raramente o sentira ao crescer. Suas lembranças de infância continuavam cheias de ambigüidade emocional mesmo trinta anos depois.

Meu pai se dedicou à minha mãe desde que a conheceu, através de amigos comuns, e após um romance rápido, constituíram um lar juntos. Ele achava que tinha pouco a oferecer, a não ser sua dedicação.

Quando criança, ele havia criado os irmãos e irmãs mais novos sem ajuda, enquanto a mãe, divorciada do meu avô, trabalhava fora por longos períodos. Aos 10 anos, meu pai assumiu o encargo de cuidar deles quando a família se mudou para um albergue de desabrigados. Sobrava pouco tempo para a escola ou para as esperanças e sonhos comuns da infância. Ele mais tarde lembraria do dia em que conheceu minha mãe como o mais feliz de sua vida. Embora pessoas bem diferentes, cada um fazia o outro se sentir especial e, apesar de todas as dificuldades de sua própria criação, não queriam nada nem de longe parecido para mim.

Dias após aquela conversa emocionada, minha mãe entrou em trabalho de parto. Ao chegar do serviço certa noite, meu pai encontrou-a contorcendo-se de dor. Ela esperara por ele, com medo de ir ao hospital sozinha. Ele chamou uma ambulância e, com as roupas ainda untadas de óleo e graxa de seu trabalho com chapas metálicas, correu com minha mãe ao hospital. O parto foi rápido, e cheguei ao mundo pesando uns 2,7 quilos.

Costuma-se dizer que a chegada de um bebê muda tudo, e meu nascimento certamente mudou as vidas de meus pais para sempre. Fui o primeiro filho; por isso, talvez seja natural que tenham investido em mim tanto de suas esperanças para o futuro, mesmo antes de eu nascer. Minha mãe passara os meses antes do meu nascimento vasculhando avidamente as colunas de conselhos das revistas femininas populares em busca de dicas sobre cuidados com o bebê e, junto com meu pai, economizara especialmente para comprar um berço.

No entanto, os primeiros dias de minha mãe comigo no hospital não foram como havia imaginado. Eu chorava constantemente horas a fio. Parecia não adiantar segurar-me pertinho dela, acariciando meu rosto suavemente com seus dedos. Eu chorava sem parar.

O apartamento onde meus pais moravam era pequeno e eu deveria dormir num berço no canto do único quarto, o deles. Após minha chegada do hospital, meus pais acharam impossível deixar-me ali; eu não dormia e continuava chorando incessantemente (meu choro era constante). Mamei no peito nos 18 meses seguintes, até por esse ser um dos poucos métodos que meus pais encontraram para me aquietar.

Há muito se sabe que a amamentação faz bem aos bebês, melhorando o desenvolvimento cognitivo e as habilidades sensoriais, além de fortalecer o sistema imunológico. Acredita-se também que seja benéfico para o desenvolvimento emocional da criança no espectro autístico, proporcionando uma oportunidade especial de um contato físico e emocional estreito entre mãe e filho. As pesquisas indicam que crianças autistas que foram amamentadas são mais reativas, socialmente ajustadas e afetuosas do que aquelas alimentadas com leite em pó.

Outra forma que meus pais encontraram de aliviar meu choro foi dar uma sensação de movimento. Meu pai regularmente me balançava nos braços, às vezes por mais de uma hora seguida. Não era incomum ele ter de comer as refeições com uma mão e me segurar e balançar com o outro braço. Ele também me levava num carrinho de bebê para longos passeios na rua depois do trabalho, muitas vezes de manhã bem cedinho. Quando o carrinho parava, o choro recomeçava.

Logo não importava mais se era dia ou noite: a vida dos meus pais rapidamente passou a girar em torno do meu choro. Devo tê-los deixado malucos. Em seu desespero, costumavam me pôr num lençol, minha mãe segurando numa ponta e meu pai na outra, e me balançar de um lado para o outro. A repetição parecia tranqüilizar-me.

Naquele verão, fui batizado. Embora meus pais não freqüentassem a igreja, fui o primogênito e eles acharam que aquela era a coisa certa a ser feita. Todo tipo de parentes, amigos e vizinhos compareceram, e fez tempo bom e quente. Mas quando começou o serviço religioso, não parei de chorar, abafando as palavras proferidas na cerimônia. Meus pais ficaram profundamente constrangidos.

Os pais de minha mãe nos visitaram e estranharam que eu fosse um bebê tão difícil. Sugeriram que minha mãe não me pegasse quando eu começasse a chorar: "Ele logo se cansará", eles disseram. Mas quando minha mãe seguiu o conselho, meu choro simplesmente foi ficando cada vez mais alto.

Meus pais chamaram o pediatra em várias ocasiões, mas ele sempre dizia que eu estava sofrendo de cólica e melhoraria logo. A cólica costuma ser definida como um "choro inesperado" em que o bebê chora mais tempo e mais alto do que o normal, sendo mais difícil de acalmar. Cerca de um em cada cinco bebês chora o suficiente para satisfazer a definição de cólica. Médicos e cientistas vêm tentando encontrar a causa por trás desse choro excessivo dos bebês há décadas. A teoria mais recente é que a maioria das formas de cólica é neurológica e ligada ao desenvolvimento, surgindo do cérebro, e não — como acreditam muitos pais — do sistema digestivo do bebê. Por exemplo, bebês com cólicas tendem a ser anormalmente sensíveis à estimulação e vulneráveis à sobrecarga sensorial.

A duração de meus choros excessivos — ultrapassando meu primeiro ano de vida — é incomum, mesmo para bebês com cólicas. Recentemente, pesquisadores estudando o desenvolvimento de crianças com um histórico de choros prolongados quando bebês descobriram que tais choros excessivos podem ser sinal de problemas comportamentais futuros. Comparadas com crianças que choravam normalmente quando bebês, crianças que haviam chorado em excesso revelaram, aos 5 anos, uma coordenação oculomanual menor e uma maior propensão a serem hiperativas ou apresentarem problemas de disciplina.

Felizmente, meu desenvolvimento foi normal em outras áreas: eu já andava e falava minhas primeiras palavras pouco depois do primeiro aniversário. Um dos critérios do diagnóstico da síndrome de Asperger é a ausência de qualquer atraso significativo na linguagem (ao contrário de formas mais graves de autismo, em que a linguagem pode atrasar muito ou nem existir).

Seguiu-se uma série de infecções de ouvido intermitentes, tratadas com antibióticos. Devido à dor causada pelas infecções, permaneci uma criança irritadiça, doentia e chorona até quase os 3 anos. Durante todo aquele tempo, meus pais, embora freqüentemente exaustos por minha causa, continuavam me balançando no lençol e me embalando nos braços todos os dias.

Foi aí que, em meio aos choros e doenças constantes, minha mãe descobriu que estava grávida. Meus pais solicitaram uma casa maior ao conselheiro local, e logo nos mudamos para um segundo apartamento perto dali. Lee, meu irmão, nasceu num domingo de maio e era o oposto de mim: feliz, calmo e quieto. Deve ter sido um alívio imenso para meus pais.

Meu comportamento, porém, não melhorou. Aos 2 anos, comecei a andar até certa parede da sala e bater repetidamente com a cabeça nela. Eu balançava o corpo para trás e para frente, batendo a testa com força, repetida e ritmicamente, na parede. Às vezes batia a cabeça com tanta força que me machucava. Meu pai me afastava da parece sempre que ouvia o som de pancada já familiar, mas eu corria de volta e recomeçava. Outras vezes, eu tinha ataques violentos de raiva, batendo com a mão várias vezes na cabeça e gritando o mais alto que podia.

Meus pais chamaram uma especialista. Ela tranqüilizou-os explicando que bater com a cabeça era a forma de uma criança se acalmar quando sente alguma espécie de sofrimento. Achou que eu estava frustrado e com falta de estímulos, e prometeu ajudar a encontrar vaga no maternal local. Eu tinha 2 anos e meio na época. Meus pais ficaram aliviados ao receberem um telefonema algumas semanas depois, dizendo que eu havia sido aceito na escola.

Com a nova chegada, meus pais tiveram de reformular as rotinas diárias que haviam desenvolvido juntos nos dois anos anteriores. O maternal contribuiu muito para essa mudança. Seus dias deixaram de girar inteiramente ao meu redor. Meu sono era sempre leve, eu acordava várias vezes durante a noite, e estava invariavelmente de pé de manhã bem cedo. Chegada a hora do café, meu pai me alimentava, lavava e vestia, enquanto minha mãe cuidava do meu irmão. O percurso intricado de mais de um quilômetro e meio que eu fazia no carrinho de bebê até o maternal passava pelo cemitério Quaker, onde está enterrada a reformadora prisional do século XIX Elizabeth Fry, e por uma série de grandes terrenos planos, antes de chegar numa arcada que dá numa calçada e uma série de esquinas.

O maternal foi minha primeira experiência do mundo externo, e minhas próprias lembranças daquele tempo são poucas, mas fortes, como fragmentos estreitos de luz perfurando a bruma do tempo. Havia a caixa de areia onde eu passava longos períodos do dia pegando a areia, fascinado pelos grãos individuais. Depois veio um fascínio por ampulhetas (o maternal tinha várias, de diferentes tamanhos), e lembro que ficava observando um tempão o fluxo granuloso de areia escorrendo, esquecendo as crianças que brincavam à minha volta.

Meus pais contam que eu era solitário, não me misturava com as outras crianças, absorto em meu próprio mundo, segundo os supervisores. O contraste entre meus primeiros anos e aquela época deve ter sido forte para meus pais, com minha evolução de um bebê que gritava, chorava e batia com a cabeça para uma criança quieta, ensimesmada e indiferente. Em retrospecto, eles percebem agora que a mudança não foi necessariamente um sinal de melhora como parecia na época. Fiquei bonzinho demais — quieto demais e pouco exigente demais.

O autismo como um distúrbio complexo do desenvolvimento era pouco conhecido entre o público em geral naquela época, e meu comportamento não era o que muitos supunham então ser tipicamente autístico: eu não sacudia o corpo constantemente, conseguia conversar e mostrava ao menos certa capacidade de interagir com o ambiente ao meu redor. Uma década decorreria até que o autismo de alto nível funcional, inclusive a síndrome de Asperger, começasse a ser reconhecido pela comunidade médica e gradualmente mais conhecido pelo grande público.

Havia outra coisa também. Meus pais não queriam me rotular, sentir que estavam me restringindo de alguma maneira. Mais do que qualquer outra coisa, queriam que eu fosse feliz, saudável e capaz de levar uma vida "normal". Quando os amigos, a família e os vizinhos invariavelmente perguntavam sobre mim, meus pais diziam que eu era muito "tímido" e "sensível". Acho que meus pais também devem ter sentido medo do possível estigma associado a ter um filho com problemas de desenvolvimento.

Outra lembrança de meus primeiros meses no maternal são as diferentes texturas do chão: algumas partes estavam cobertas com esteiras, outras com tapete. Lembro que caminhava devagar, cabeça bem baixa, observando os pés, ao percorrer as diferentes partes do chão, experimentando as diferentes sensações sob as minhas solas. Como minha cabeça vivia abaixada enquanto eu andava, às vezes esbarrava em outras crianças ou nas assistentes do maternal, mas, por me mover tão devagar, a colisão era sempre leve, e eu virava um pouco o corpo e continuava assim mesmo.

Quando fazia tempo quente e seco lá fora, os supervisores nos deixavam brincar no pequeno jardim anexo ao prédio do maternal. Havia um escorrega e alguns balanços, assim como um monte de brinquedos na grama: bolas de cores vivas e instrumentos de percussão. Esteiras revestidas de plástico eram colocadas na parte de baixo do escorrega e sob os balanços, para o caso de alguma criança cair. Eu adorava caminhar descalço sobre aquelas esteiras. No calor, meus pés suavam e grudavam no plástico, e eu levantava o pé e abaixava de novo para recriar, repetidas vezes, a sensação pegajosa nas solas dos pés.

O que as outras crianças devem ter achado de mim? Não sei, porque não tenho nenhuma lembrança delas. Para mim, eram o pano de fundo de minhas experiências visuais e tácteis. Eu não tinha nenhuma idéia da brincadeira como uma atividade mútua. Parece que os funcionários do maternal toleraram meu comportamento incomum, porque nunca tentaram me forçar a brincar com as outras crianças. Talvez esperassem que eu começasse a me acostumar com as crianças em volta e interagir com elas, o que nunca aconteceu.

Meu pai sempre me levava ao maternal e às vezes me apanhava também. Ele vinha direto da fábrica, muitas vezes com suas roupas de trabalho. Não se sentia constrangido. Era necessariamente um homem de muitos talentos. Após chegar em casa, ele trocava de roupa e começava a preparar o jantar. Era ele quem cozinhava quase tudo; acho que o ajudava a relaxar. Eu era muito seletivo com a comida, e me alimentava sobretudo de *cornflakes*, pão e leite. Era uma luta fazer com que eu comesse legumes.

A hora de ir para cama era sempre uma guerra — eu costumava correr pela casa ou pular de um lado para o outro, e levava muito tempo até me acalmar para dormir. Insistia em dormir sempre com o mesmo brinquedo: um coelhinho vermelho. Às vezes, eu não adormecia e chorava até que meus pais cedessem e me deixassem dormir na cama deles. Quando enfim caía no sono, os pesadelos eram comuns. Um deles, lembro até hoje. Eu acordava após sonhar com um dragão enorme erguendo-se acima de mim. Eu era minúsculo em comparação ao bicho. O mesmo sonho se repetia noite após noite. Eu morria de medo de adormecer e ser devorado pelo dragão. Até que, certa noite, ele sumiu tão subitamente como apareceu. Embora continuasse tendo pesadelos, eles foram ficando cada vez menos freqüentes e assustadores. De certa forma, eu havia derrotado o dragão.

Certa manhã, na ida habitual para o maternal, meu pai decidiu mudar o trajeto. Para sua surpresa, pus-me a berrar no meu carrinho de bebê. Sequer tinha 3 anos, mas havia decorado cada detalhe do caminho de casa à escola maternal. Uma velhinha que passava por nós parou, fitou-me e depois observou: "Ele com certeza tem um bom par de pulmões." Envergonhado, meu pai deu meia-volta e pegou o caminho de sempre. Num instante, meu choro cessou.

Outra lembrança de meu tempo de maternal é observar uma das assistentes soprar bolhas de sabão. Muitas das crianças estenderam as mãos para agarrá-las ao flutuarem sobre suas cabeças. Eu não fiz nenhum esforço para tocá-las, mas contemplei a forma, o movimento e o reflexo da luz na superfície úmida e brilhante. Gostei particularmente quando a assistente soprou com força e produziu uma longa fieira de bolhas menores, uma após a outra em rápida sucessão.

Eu não brincava com muitos brinquedos na escola ou em casa. Ao pegar um deles, como meu coelhinho, segurava com força nas beiras e o movia de um lado para o outro. Eu não tentava abraçar ou acariciar o coelho, ou fazê-lo saltar. Uma de minhas distrações favoritas era pegar uma moeda e girá-la no chão, observando-a enquanto rodopiava. Eu fazia isto várias e várias vezes, sem nunca me cansar.

Meus pais lembram que eu batia com os sapatos de minha mãe várias vezes no chão, porque gostava do som que produziam. Passei até a calçá-los e andar devagar pela sala com eles. Meus pais os chamavam de meus sapatos "clip clop".

Certa vez, quando meu pai descia a rua comigo no carrinho, gritei ao passarmos por uma vitrine. Ele relutou em me levar para dentro do estabelecimento. Normalmente, quando meus pais saíam comigo, nunca entravam nas lojas, porque nas poucas ocasiões em que o fizeram eu irrompera em lágrimas e tivera um ataque de raiva. A cada vez, precisaram se desculpar — "Ele é muito sensível", costumavam explicar — e sair às pressas. Desta feita, meu choro pareceu diferente, decidido. Ao me levar para dentro, ele observou o grande mostruário de livros de Mr. Men. Havia a forma amarela brilhante de Mr. Happy e o triângulo púrpura de Mr. Rush. Apanhou um deles e deu para mim. Eu não o larguei, de modo que ele comprou o livro. No dia seguinte, passamos pela mesma loja e gritei novamente. Meu pai entrou e comprou outro livro do Mr. Men. Isso logo se tornou rotina, até ele ter comprado toda a série.

Meus livros de Mr. Men e eu logo nos tornamos inseparáveis. Eu não saía de casa sem um. Passava horas à tarde no chão com os livros nas minhas mãos, olhando as cores e formas nas ilustrações. Meus pais estavam contentes com minha obsessão pelos personagens de Mr. Men. Pela primeira vez, eu parecia feliz e tranqüilo. Aquilo também se mostrou um meio eficaz de encorajar um comportamento melhor. Se eu conseguisse passar um dia inteiro sem um ataque de raiva, eles me prometiam comprar um livro novo de Mr. Men.

Mudamo-nos para nossa primeira casa quando eu tinha 4 anos. Ficava na esquina da Blithbury Road. A residência tinha um formato estranho, com a escada acessível apenas através de um corredor estreito separado, adjacente à sala de estar. O banheiro ficava embaixo, pertinho da porta da frente. Às vezes, quando um membro da família ou amigo nos visitava, ao entrar em casa se surpreendia com as nuvens de vapor vindas do banheiro.

As lembranças de meus pais de Blithbury Road não são positivas. A cozinha tinha problemas de umidade e a casa estava sempre fria no inverno. Mesmo assim, tivemos bons vizinhos, inclusive um casal de idosos que tomou um gosto especial por mim e meu irmão e nos dava doces e limonada quando estávamos no jardim.

Na frente da casa, meu pai se ocupava nos fins de semana com uma horta, que logo se encheu de batatas, cenouras, ervilhas, cebolas, tomates, morangos, ruibarbo e couve. Nas tardes de domingo, comíamos sempre ruibarbo e pudim de ovos como sobremesa.

Eu dividia o quarto com meu irmão. Era pequeno e, para ganhar espaço, tínhamos uma cama beliche. Apesar de ser dois anos mais novo do que eu, meu irmão dormia na cama de cima. Meus pais temiam que eu ficasse inquieto de noite e caísse da cama.

Eu não tinha sentimentos fortes para com meu irmão e vivíamos vidas paralelas. Ele muitas vezes brincava no jardim enquanto eu permanecia no quarto, e quase nunca brincávamos juntos. Quando o fazíamos, não era uma brincadeira mútua — eu nunca sentia nenhum desejo de compartilhar meus brinquedos ou experiências com ele. Olhando para trás, esses sentimentos me parecem um tanto estranhos agora. Eu entendo a idéia de mutualidade, de experiências compartilhadas. Embora eu às vezes ainda sinta dificuldade em me abrir e compartilhar, os sentimentos para tal estão definitivamente dentro de mim. Talvez sempre estivessem, mas levei tempo para os encontrar e entender.

Tornei-me uma criança cada vez mais quieta, passando grande parte do tempo no meu quarto, sentado, solitário, num ponto específico do chão, absorvido no silêncio. Às vezes tapava os ouvidos com os dedos para me aproximar mais do silêncio, que nunca era estático na minha mente, mas um movimento sedoso, gotejante ao redor de minha cabeça, como condensação.

Ao fechar os olhos, imaginava o silêncio como suave e prateado. Não precisava pensar a respeito; aquilo simplesmente acontecia. Um ruído súbito, como uma batida na porta, era doloroso para mim, como um rompimento daquela experiência.

A sala de estar lá embaixo estava sempre repleta de livros. Ambos os meus pais eram leitores dedicados, e ainda lembro de mim sentado no chão observando-os com seus livros, jornais e revistas à mão. Às vezes, quando me comportava bem, eles deixavam que eu me sentasse nos seus colos enquanto liam. Eu gostava do som das páginas ao serem viradas. Os livros tornaram-se muito especiais para mim porque, sempre que meus pais estavam lendo, o aposento se enchia de silêncio. Aquilo me deixava calmo e contente por dentro.

Comecei a apanhar os livros de meus pais, carregando um de cada vez nos meus braços até meu quarto. As escadas eram difíceis para mim, e eu as transpunha um degrau de cada vez. Se o livro que carregava fosse pesado ou grande, eu podia levar um minuto inteiro subindo uma dúzia de degraus. Alguns dos livros eram bem velhos, cheirando a mofo.

Dentro do meu quarto, eu arrumava os livros em pilhas no chão até me cercarem de todos os lados. Meus pais tinham dificuldade em entrar no quarto, temendo derrubar uma das pilhas sobre mim. Se tentavam remover qualquer um dos livros, eu irrompia em lágrimas e tinha um ataque de raiva. Todas as páginas de meus livros possuíam números, e eu me sentia feliz por estar cercado por eles, como que envolto num cobertor numérico. Muito antes de conseguir ler as frases nas páginas, eu sabia contar os números. E quando contava, os números apareciam como movimentos ou formas coloridas na minha mente.

Numa expedição escadas acima com os braços abraçando um livro particularmente pesado, tropecei e caí. O movimento de queda pareceu encher minha mente de clarões rápidos de cor brilhante e indistinta, como luz solar dispersada. Simplesmente sentei-me na base da escada, deslumbrado e dolorido. Não pensei em gritar por ajuda, mas esperei até meu pai vir ver que barulho era aquele. Eu raramente falava, a não ser que falassem comigo. Depois do incidente, meus pais passaram a esconder os livros maiores e mais pesados, temendo que eu caísse de novo e me machucasse com gravidade.

Havia um parque aonde dava para irmos a pé, e assim íamos lá quase todos os fins de semana. Meus pais cortavam fatias de pão para eu atirar aos patos. Costumavam nos levar de manhã cedinho, quando ainda havia poucas pessoas. Sabiam que eu me assustava com a presença de montes de gente ao meu redor. Enquanto meu irmão corria pelo parque, eu ficava sentado, sozinho, no chão, arrancando a grama e depenando as pétalas das margaridas.

Minha experiência favorita no parque eram os balanços. Meu pai me apanhava, colocava sentado no assento e empurrava devagar. Quando se cansava e parava, eu gritava "mais... mais" até ele voltar a empurrar. Havia também um gira-gira, e eu sentava no meio enquanto meus pais ficavam de pé dos dois lados virando devagar. À medida que o brinquedo ia girando sem parar, eu fechava os olhos e sorria. Aquilo fazia eu me sentir bem.

A estrada ao lado do parque às vezes era barulhenta quando voltávamos andando para casa. Se um carro ao passar fizesse um barulho súbito e alto — como tocar a buzina —, eu parava, erguia as mãos e tapava os ouvidos com força. Geralmente o barulho era mais súbito do que alto. Por ser inesperado é que parecia me afetar tanto. Por esta razão, eu detestava balões e me encolhia de medo quando via alguém segurando um. Tinha medo de que estourasse de repente, fazendo um barulho alto e violento.

Após a mudança para Blithbury Road, até os 5 anos continuei freqüentando o maternal numa escola local chamada Dorothy Barley, em homenagem a uma abadessa do século XVI que viveu na área durante o reinado de Henrique VIII. As assistentes do maternal costumavam nos dar papel e lápis de cor, encorajando-nos a desenhar e colorir. Eu sempre gostava, embora achasse difícil colocar o lápis entre os dedos e o envolvesse com a palma da mão. Gostava de desenhar círculos de vários tamanhos diferentes. O círculo era minha forma favorita e eu os desenhava repetidas vezes.

O maternal tinha uma caixa no canto cheia de coisas para brincar. Minhas favoritas eram contas coloridas que encontrei. Eu as segurava nas mãos e sacudia para observá-las vibrando pelas minhas palmas. Quando nos davam cilindros de cartolina para brincar (para fazer binóculos ou um telescópio, por exemplo), eu jogava as contas dentro, fascinado pelo fato de serem soltas num lado e saírem pelo outro. Caso encontrasse um balde ou jarra, lançava as contas lá dentro e depois o esvaziava, e começava tudo de novo.

Numa parede havia uma estante com uma seleção de livros. Meu favorito era *The very hungry caterpillar* (*A lagartinha comilona*). Eu adorava os buracos nas páginas e as ilustrações brilhantes e redondas. Num cantinho de leitura perto dali as crianças se sentavam numa esteira grande ao redor de uma assistente e ouviam a leitura de um livro. Numa dessas ocasiões, eu estava sentado no fundo, pernas cruzadas e cabeça baixa, absorto no meu próprio mundo. Não ouvia nenhuma palavra do que estava sendo lido. Pelo contrário, sem perceber, comecei a cantarolar. Ao olhar para cima, vi que a assistente havia interrompido a leitura e todos estavam me olhando. Parei de cantarolar, abaixei de novo a cabeça, e a leitura recomeçou.

Não me lembro de ter-me sentido solitário no maternal, provavelmente por estar tão absorto em meus livros, contas e círculos. Lentamente acho que o pensamento de que eu era diferente das outras crianças foi-se insinuando, mas por algum motivo aquilo não me incomodava. Eu ainda não sentia nenhum desejo de amigos; brincar sozinho me deixava bastante contente.

Quando às vezes chegava o momento de brincadeiras sociais, como a dança das cadeiras, eu me recusava a participar. Assustava-me o pensamento de outras crianças me tocando na disputa pelas cadeiras restantes. Por mais que os supervisores tentassem gentilmente me persuadir, não adiantava. Em vez disso, permitiam que eu permanecesse junto a uma das paredes observando as crianças brincarem. Na medida em que me deixavam sozinho, eu ficava feliz.

No momento em que chegava em casa depois do maternal, sempre subia para o meu quarto. Quando me sentia cansado ou perturbado, rastejava para a escuridão sob a cama e ficava deitado ali. Meus pais aprenderam a bater baixinho na porta antes de entrar para ver como eu estava. Minha mãe sempre perguntava como havia sido meu dia no maternal. Ela queria me encorajar a falar, porque eu ficava tão quieto durante tanto tempo.

Meu quarto representava meu refúgio, meu espaço pessoal onde eu me sentia mais à vontade e feliz. Eu passava uma parte tão grande do dia lá que meus pais costumavam subir e sentar-se comigo para passarmos algum tempo juntos. Eles nunca pareciam impacientes comigo.

Sentado agora aqui escrevendo sobre aqueles anos iniciais, fico surpreso ao pensar quanto meus pais fizeram por mim mesmo obtendo tão pouco retorno na época. Ouvir as reminiscências de meus pais dos meus primeiros anos tem sido uma experiência mágica; ver por mim mesmo, retrospectivamente, a importância de seu papel em fazer de mim a pessoa que sou hoje. Apesar de todos os meus inúmeros problemas, todas as lágrimas, ataques de raiva e outras dificuldades, eles me amavam incondicionalmente e se dedicavam a me ajudar — pouco a pouco, dia após dia. São meus heróis.

3
Atingido por um raio: epilepsia

Eu estava sentado na sala de estar quando aquilo aconteceu. Tinha 4 anos e estava sentado com meu irmão Lee enquanto meu pai preparava o jantar na cozinha. Não era anormal naquela idade eu sentir momentos de desligamento total, períodos de total ensimesmamento — examinando de perto as linhas das palmas das mãos ou observando a mudança de minha sombra enquanto me inclinava para trás e para a frente em movimentos lentos e rítmicos. Mas aquilo foi algo distinto, uma experiência diferente de qualquer outra, como se o aposento à minha volta estivesse se afastando de mim em todos os lados e a luz vazando para fora e o próprio fluxo do tempo se congelasse e alongasse num só momento prolongado. Eu não sabia, nem podia saber então, mas estava tendo um forte ataque epiléptico.

A epilepsia é um dos distúrbios mais comuns que afetam o cérebro — cerca de trezentas mil pessoas no Reino Unido sofrem de alguma forma deste distúrbio. Os ataques resultam de disfunções elétricas breves no cérebro. Pouco se sabe atualmente sobre por que acontecem ou como começam e terminam. Nenhuma causa aparente individual foi encontrada, mas os médicos acreditam que a epilepsia talvez se deva a um problema com as ligações entre as células nervosas ou o equilíbrio das substâncias químicas no cérebro.

Nos dias anteriores ao ataque, meu pai observara meus olhos tremulando e os braços tensos enquanto eu via televisão deitado no sofá da sala. Ficou preocupado e chamou o médico para vir me examinar. O tempo estava quente e úmido e o médico achou que eu poderia ter tido apenas uma "tontura". Recomendou ao meu pai que permanecesse vigilante e informasse imediatamente em caso de quaisquer outros daqueles episódios.

Foi muita sorte meu irmão estar comigo no momento do segundo ataque. Entrei em convulsão e perdi a consciência. Meu pai, ouvindo o choro de meu irmão, veio correndo para descobrir a causa da comoção. Agindo por instinto, cuidadosamente ergueu-me nos braços em concha e saiu correndo da casa até um ponto de táxi próximo. Entrando no primeiro carro, implorou ao motorista que o levasse ao hospital mais próximo — St. George's — o mais rápido possível. Enquanto o táxi corria pelas ruas, não restava nada ao meu pai além de segurar-me ao seu encontro e rezar.

Suando em bicas, meu pai correu do táxi direto à enfermaria infantil. Eu não me recuperara, e a atividade da convulsão continuava, um estado potencialmente letal conhecido como *status epilepticus*. Uma enfermeira na recepção apanhou-me dos braços de meu pai e chamou os médicos, que primeiro me aplicaram uma injeção de Valium para ajudar a estabilizar meu estado. Eu não estava respirando e começava a ficar azul, de modo que os médicos realizaram uma ressuscitação cardiopulmonar (RCP) para me reanimar. Só uma hora após o início da convulsão meu estado enfim começou a voltar ao normal. Exausto pela provação, meu pai irrompeu em lágrimas de alívio ao receber a notícia. Graças à sua ação imediata, minha vida foi salva.

O diagnóstico foi de epilepsia do lobo temporal. Os lobos temporais se localizam na lateral da cabeça, acima das orelhas. Estão profundamente envolvidos no estímulo sensorial, memória, audição e percepção, e convulsões ocorrendo nessa área do cérebro podem comprometer a função da memória e afetar a personalidade.

A incidência de epilepsia entre aqueles no espectro autístico é bem superior à da população normal. Cerca de um terço das crianças na Grã-Bretanha com um distúrbio no espectro autístico desenvolve epilepsia do lobo temporal até a adolescência. Por este motivo, acredita-se que os dois distúrbios possam ter uma origem comum na estrutura do cérebro ou na genética subjacente.

Como parte do diagnóstico, submeteram-me a um exame chamado eletroencefalograma (EEG). Durante um EEG, eletrodos são colocados sobre o couro cabeludo para medir a atividade elétrica do cérebro e verificar eventuais anormalidades nas ondas cerebrais. Lembro-me do técnico de pé acima de mim enfiando os eletrodos — cápsulas de metal pequenas e circulares — em diferentes partes de minha cabeça com uma pasta para prendê-los. Eu me contraía e fazia caretas conforme cada um era aplicado, pois me desagradava a sensação de alguém tocando minha cabeça.

Também passei por uma ressonância magnética cerebral. A ressonância magnética usa um ímã grande e poderoso, radiação de microondas e computadores para gerar imagens detalhadas do interior do corpo. Fui sedado antes da ressonância, provavelmente porque o técnico temeu que eu não suportasse o barulho da máquina e a possível sensação de claustrofobia em seu interior. Lembro que me deitaram num leito macio e branco brilhante que foi então empurrado para dentro de um túnel estreito para a ressonância, que durou uns trinta minutos. Devo ter adormecido lá dentro, porque me lembro de ter sido acordado por meu pai depois que o leito foi retirado do túnel. Isto apesar do fato de que o tomógrafo deve ter feito um barulhão enquanto as fotos eram tiradas.

Permaneci no hospital vários dias enquanto os diferentes exames estavam sendo realizados. Meus pais se revezavam para ficar comigo dia e noite. Temiam que eu acordasse e entrasse em pânico não vendo um rosto familiar. A enfermaria onde permaneci tinha um chão brilhante, cheio de arranhões minúsculos, e a textura dos lençóis da cama era diferente dos de minha casa — mais irritante e menos macia. Meus pais davam-me suco de laranja para beber e álbuns de colorir e lápis de cor para eu me ocupar, mas um monte de tempo eu simplesmente passava dormindo, por me sentir muito cansado.

Os médicos informaram meus pais de que meu prognóstico era bom: cerca de metade de todas as crianças diagnosticadas com epilepsia do lobo temporal superam a doença. Prescreveram medicação anticonvulsiva e me mandaram para casa.

O diagnóstico de epilepsia afetou profundamente minha mãe e particularmente meu pai. Seu pai — meu avô — havia sofrido de convulsões epilépticas durante muitos anos quando adulto e morreu prematuramente vários anos antes do meu nascimento.

Seu nome era William John Edward e nasceu na zona leste de Londres no início do século XX. Trabalhou como sapateiro e combateu na Segunda Guerra Mundial, tendo sido evacuado de Dunquerque antes de ser estacionado numa base militar no norte da Escócia, manejando uma bateria antiaérea. Casou-se e teve quatro filhos; meu pai foi o mais novo. As convulsões começaram após a guerra e foram particularmente violentas: minha avó logo se familiarizou com o som de pratos e copos derrubados da mesa da cozinha espatifando-se no chão.

Naquela época, os recursos para ajudar quem vivia com epilepsia eram limitados. Os médicos achavam que a doença do meu avô havia sido causada pelo trauma da guerra. Aconselharam minha avó a se divorciar do marido e ir embora. Afinal, ela tinha uma família jovem e a vida inteira pela frente. Deve ter sido a decisão mais difícil que teve de tomar, mas ela seguiu o conselho dos médicos e voltou a se casar depois. Meu avô foi internado numa instituição para ex-soldados com problemas mentais.

A dissolução do relacionamento de meus avós teve conseqüências desastrosas para a família. Minha avó deu início a uma nova família, mas seu segundo marido batalhava para encontrar emprego, e o pouco que ganhava perdia no jogo. Assim, sem uma renda estável, logo se viram com cada vez mais aluguéis atrasados. Um dia, ao voltarem para casa, depararam com a mobília empilhada no gramado e as portas trancadas com cadeado. Haviam sido despejados pelo conselho municipal por não pagarem os aluguéis — estavam desabrigados.

Um amigo da família acolheu as crianças, o que incluía meu pai, que desempenhava o papel de irmão mais velho de seus meios-irmãos, antes de serem transferidos com minha avó para um albergue destinado aos sem-teto. Meu pai recebeu de presente de despedida um Lego da família amiga que ajudara a cuidar dele. O albergue era constituído de pequenas residências com toaletes, banheiro e cozinha coletivos para os moradores. Os corredores que ligavam os quartos eram estreitos, e o chão era coberto por concreto vermelho. Meu pai ouvia os funcionários percorrendo os corredores pelo barulho dos passos. Apelidou um deles de "Jackboots", graças a um tipo de bota de combate de cano alto, que costumava ser utilizada pelos regimes fascistas.

As acomodações da família consistiam em dois quartos apertados e quase sem mobília. Televisão e rádio não eram permitidos. Num dos quartos — o das crianças — havia espaço para três camas pequenas. O quarto de minha avó tinha uma cama, mesa e cadeira. Não era permitida a permanência de homens adultos; portanto, seu marido foi forçado a alugar um quarto sobre uma loja. Eles ficaram separados durante a permanência da família no albergue.

A vida no albergue era horrível: além da acomodação precária, não havia privacidade; as portas não podiam ser trancadas e os funcionários, rigorosos, administravam o prédio no estilo militar. A família odiou sua permanência ali, que durou ano e meio. A estadia foi atenuada um pouco pela amizade que minha avó conseguiu cultivar com a gerente do albergue, uma tal de Sra. Jones. A família acabou transferida para uma casa nova.

Meu pai viu meu avô pela primeira vez aos 11 anos. Àquela altura, as convulsões de meu avô eram menos freqüentes e ele tinha permissão de sair durante o dia para trabalhar na sua sapataria. Meu pai era muito jovem quando a doença do meu avô começou, de modo que não tinha lembranças dele e nem sabia qual a sua aparência. Encontraram-se na casa do amigo da família que ajudara a cuidar dele e dos meios-irmãos vários anos antes. Meu pai lembra que deu a mão a um homem de cabelos grisalhos, roupas mal-ajustadas, que foi então apresentado como seu pai. Com o tempo, foram se aproximando.

Ao ficar mais velho, a saúde de meu avô rapidamente se deteriorou. Meu pai o visitava no hospital sempre que podia. Tinha 21 anos quando meu avô morreu, de falência dos órgãos após um derrame e uma convulsão. Segundo todos os relatos, tratava-se de um homem bondoso e gentil. Gostaria de ter tido a oportunidade de conhecê-lo.

Tenho a grande sorte de viver numa época de tantos avanços médicos importantes, de modo que minha própria experiência de epilepsia foi bem diferente daquela do meu avô. Após as convulsões e meu diagnóstico, o que deve ter assustado mais meus pais foi a possibilidade de eu não poder levar a vida "normal" que eles realmente queriam para mim. Como muitos pais, normalidade para eles equivalia a ser feliz e produtivo.

As convulsões não voltaram — como acontece com cerca de 80% dos epilépticos, meu medicamento foi eficaz, permitindo-me viver livre das convulsões. Acho que este foi o fator principal da capacidade de minha mãe de enfrentar minha doença. Ela era muito sensível ao fato de que, de algum modo, eu sempre fui diferente, vulnerável, necessitando de cuidados extras, apoio e amor. Às vezes ela se preocupava com o pensamento de que eu pudesse ter uma nova convulsão a qualquer momento. Ela então ia para outro quarto e chorava baixinho. Lembro do meu pai me pedindo para não entrar no quarto onde minha mãe estava chorando.

Eu achava muito difícil captar os sentimentos de minha mãe. Não ajudava o fato de eu permanecer no meu próprio mundo, absorto nas mínimas coisas, mas incapaz de entender as diferentes emoções ou tensões em minha casa. Meus pais às vezes brigavam, como acho que acontece com todos os pais, por causa dos filhos e da melhor forma de lidar com diferentes situações. Quando discutiam, suas vozes se transformavam numa cor azul-escura na minha mente, e eu me agachava no chão, pressionando a testa no tapete, mãos sobre as orelhas, até o barulho cessar.

Meu pai me ajudava a tomar meus comprimidos todos os dias, com um copo de leite ou água por volta da hora das refeições. O medicamento — Carbamazepina — exigia que fôssemos juntos ao hospital todo mês para exames de sangue, devido ao efeito que os comprimidos podem ter às vezes sobre a função hepática. Meu pai faz sempre questão de ser pontual, de modo que chegávamos na sala de espera do hospital pelo menos uma hora antes da consulta marcada. Ele sempre trazia um copo de plástico com suco de laranja e alguns biscoitos para a espera. As cadeiras onde nos sentávamos eram de plástico, desconfortáveis, mas lembro que eu não queria levantar sozinho, de modo que esperava meu pai se levantar antes de mim. Havia montes de cadeiras, e eu passava o tempo contando-as e recontando-as.

Quando a enfermeira chamava meu nome, meu pai me conduzia até uma pequena área fechada por cortinas, onde eu me sentava e a enfermeira arregaçava uma de minhas mangas e tocava no centro do meu braço. Fiz muitos exames de sangue; assim, com o tempo, eu sabia o que me aguardava. A enfermeira encorajava os pacientes a não olharem para a agulha inserida, mas eu mantinha a cabeça quieta, olhar fixo, esperando o tubo transparente sobre a agulha encher-se de sangue vermelho-escuro. Terminada a injeção, a enfermeira limpava a área e fixava um algodão com um *band-aid* que tinha um *smiley*, o desenho de um rosto sorridente.

Um dos efeitos colaterais mais comuns do medicamento é a hipersensibilidade à luz solar, e eu passava os meses de verão dentro de casa, enquanto meu irmão brincava lá fora no jardim e no parque. Eu não me importava, porque, até hoje, a luz solar muitas vezes me dá coceira e desconforto, e raramente me aventuro ao ar livre por longos períodos em dias ensolarados. Meus pais quiseram me supervisionar ainda mais de perto após as convulsões, de modo que eu passava muito tempo na sala de estar, onde minha mãe podia ficar de olho em mim, enquanto eu via televisão ou brincava com moedas ou contas que me davam para eu contar.

Outros efeitos colaterais que experimentei foram sensações de tontura ou estupor. Sempre que começava a me sentir tonto, imediatamente me sentava, cruzava as pernas e esperava a sensação passar. Isto às vezes constrangia meus pais, se estavam andando comigo na rua e eu de repente parava e me sentava no meio da calçada. Felizmente, os ataques de tontura não duravam muito, apenas alguns segundos. A perda de controle e a imprevisibilidade dos ataques assustavam, deixando-me irritável e choroso depois deles.

Existe uma relação complexa entre o sono e a epilepsia, sendo maior a incidência de distúrbios do sono entre os epilépticos. Alguns cientistas acreditam que ocorrências ligadas ao sono, como terrores noturnos e sonambulismo, talvez representem uma atividade convulsiva noturna no cérebro. Ocasionalmente eu andava durante o sono — em certos períodos com freqüência, em outros menos — desde uns 6 anos de idade até o início da adolescência. O sonambulismo ocorre durante as três primeiras horas de sono, quando as ondas cerebrais do adormecido aumentam de tamanho e o sono é profundo, sem sonhos. O sonâmbulo não costuma responder caso falem com ele e não lembra do episódio após acordar. No meu caso, eu descia da cama e repetia o mesmo percurso dentro do quarto. Às vezes, batia nas paredes ou na porta, acordando meus pais, que delicadamente me guiavam de volta para a cama. Acordar um sonâmbulo, embora não seja prejudicial, pode confundir e perturbar.

Meus pais tomaram várias precauções para garantir minha segurança durante a noite. Eles recolhiam todos os brinquedos do chão do quarto e deixavam uma luz acesa no corredor na hora de dormir. Instalaram também um portão no alto da escada depois que, certa vez, aparentemente desci as escadas dormindo e fui parar nos fundos da casa, onde me encontraram tentando abrir a porta da cozinha que dava para o jardim.

Talvez não seja surpreendente o fato de que com freqüência eu me sentisse, durante o dia, como se toda a minha energia tivesse se esgotado, e tudo que queria era dormir. Era normal eu repousar a cabeça na carteira e adormecer em plena aula. Os professores, informados por meus pais, mostravam-se sempre solidários e tolerantes. Era muitas vezes desorientador acordar após um período de dez, vinte ou trinta minutos e encontrar a sala vazia e os colegas correndo lá fora no pátio de recreio, mas minha professora estava sempre ali para me tranqüilizar.

O impacto cumulativo dos diferentes efeitos colaterais de meu medicamento no meu primeiro ano de escola foi considerável. Eu tinha dificuldade em me concentrar nas aulas, ou em trabalhar num ritmo constante. Fui a última criança da classe a dominar o abecedário. Minha professora, a Sra. Lemon, me dava adesivos coloridos como um estímulo extra se meus erros diminuíam ao escrever o alfabeto. Nunca me senti envergonhado ou sem graça por ser pior que os outros alunos; eles simplesmente não faziam parte do meu mundo.

Duas vezes ao ano, eu visitava o Hospital Infantil Westminster, em Londres, com meu pai para monitorar meu distúrbio mediante uma tomografia cerebral. Íamos de táxi, chegávamos cedo como sempre, e então esperávamos que o clínico nos chamasse. Devo ter passado muitas e muitas horas naqueles anos sentado em salas de espera de hospitais.

Após três anos, decidiu-se pela retirada gradual de meu medicamento anticonvulsivo. Minha mãe entrou em pânico ante a possibilidade de a epilepsia voltar, embora felizmente eu permanecesse, e permaneça até hoje, livre de convulsões. Os efeitos colaterais anteriores do medicamento desapareceram e meu desempenho na escola melhorou dali para frente.

Não está claro qual o efeito duradouro — se é que existe algum — da epilepsia no meu cérebro e como ela funciona. Minhas convulsões da infância originaram-se no lobo temporal esquerdo e, segundo alguns pesquisadores, as habilidades dos *savants* se explicariam pela compensação da lesão do lado direito do cérebro. Isto porque as habilidades mais comuns nessas pessoas, inclusive numéricas e de cálculo, estão associadas ao hemisfério direito.

Entretanto, não é fácil descobrir se a epilepsia é uma causa ou um sintoma da lesão do lado esquerdo do cérebro, e é possível que minhas convulsões na infância ocorressem em conseqüência de um dano preexistente no cérebro, provavelmente congênito.

Por este motivo, os cientistas têm-se interessado em estudar as minhas habilidades perceptivas, para ver como diferem daquelas das outras pessoas. Um estudo foi realizado no Autism Research Centre, em Cambridge, no outono de 2004. O diretor do centro é Simon Baron-Cohen, professor de psicopatologia do desenvolvimento e um importante pesquisador de distúrbios do espectro autístico.

O estudo testou a teoria da "coerência central fraca", segundo a qual os indivíduos no espectro autístico tendem mais a processar detalhes, à custa das informações totais ("o quadro mais amplo"), enquanto a maioria das pessoas integra as informações conforme o contexto e a idéia central — muitas vezes passando por cima dos detalhes menores. Por exemplo, estudos mostraram que crianças autistas reconhecem melhor rostos familiares em fotografias, ao ser mostrada apenas parte do rosto, do que as não-autistas.

Na tarefa de Navon, pede-se aos participantes que identifiquem um alvo selecionado que ocorre no nível local ou total. No meu teste no centro, os cientistas pediram que eu pressionasse uma tecla na mão esquerda se visse uma letra *A* e pressionasse uma tecla na mão direita se não visse. As imagens eram projetadas numa tela diante de mim, e as reações eram automáticas. Em várias ocasiões pressionei "não", mas segundos depois meu cérebro percebia que a configuração geral das letras criava uma forma A. Os cientistas chamam este fenômeno de "interferência", que costuma ser empregada em ilusões de óptica. Para a maioria das pessoas, a interferência é causada pela forma total: por exemplo, diante de uma letra *H* composta de uma série de *A*s pequenos, a maioria das pessoas não verá imediatamente os *A*s, devido ao efeito de interferência ao verem a forma *H*. No meu caso, como com a maioria das pessoas no espectro autístico, a interferência é invertida, e eu luto para ver a forma da letra total, porque meu cérebro focaliza automaticamente os detalhes individuais.

```
        H                  A       A
      H H                  A       A
    H     H                A A A A A
  H H H H                  A       A
 H         H               A       A
H           H              A       A
```

Nas ilustrações acima, a imagem à esquerda mostra a letra *A* composta de *H*s menores. A imagem à direita mostra a letra *H* composta de *A*s menores.

Na Austrália, o professor Allan Snyder — diretor do Centre for the Mind da Universidade de Sydney — despertou grande interesse ao afirmar que é capaz de reproduzir em cobaias capacidades como as dos portadores da síndrome de *savant* mediante uma técnica chamada estimulação magnética transcraniana (EMT).

A EMT tem servido de ferramenta médica em cirurgias do cérebro, estimulando ou suprimindo áreas específicas do cérebro para permitir que os médicos monitorem, em tempo real, os efeitos da cirurgia. Ela não é invasiva e aparentemente está livre de efeitos colaterais graves.

O professor Snyder acredita que o pensamento autístico não é totalmente diferente do pensamento comum, mas uma forma extrema dele. Ao inibir temporariamente certa atividade cerebral — a capacidade de pensar contextual e conceitualmente, por exemplo —, a EMT pode ser usada, segundo o professor Snyder, para induzir um acesso maior a partes do cérebro responsáveis por coletar informações brutas, não filtradas. Desse modo, ele espera aprimorar o cérebro, bloqueando certas partes e mudando, assim, a forma como a pessoa percebe diferentes coisas.

O professor utiliza uma cápsula ligada por eletrodos a uma máquina de EMT. Uma gigantesca chave preta é aplicada aos lobos temporais, transmitindo impulsos variáveis de energia magnética. Alguns dos voluntários submetidos ao procedimento acusaram uma melhoria temporária das habilidades de desenho e revisão de textos; os desenhos de animais se tornaram mais vivos e detalhados, e a leitura se tornou mais precisa.

A maioria das pessoas lê reconhecendo agrupamentos familiares de palavras. Por este motivo, muitos não percebem pequenos erros de grafia ou repetições de palavras. Tomemos o exemplo seguinte:

Mais vale uma ave
na mão do que duas
duas voando

Lendo rapidamente, a maioria das pessoas não percebe o segundo "duas", supérfluo, na frase acima.

Um benefício colateral do processamento de informações em partes, e não holisticamente, é que, dotado de um olho clínico para os detalhes, sou um ótimo revisor. Nas manhãs de domingo, lendo as páginas do jornal sobre a mesa, eu perturbava meus pais apontando cada erro gramatical ou de grafia que encontrava. "Por que você não lê o jornal como as outras pessoas?", minha mãe perguntava, exasperada, depois de me ouvir assinalando o enésimo erro no jornal.

O professor Snyder argumenta que as capacidades dos *savants* podem estar em todas as pessoas, só que a maioria não consegue liberá-las. Ele acredita que meus ataques epilépticos podem ter desempenhado um papel, semelhante ao dos pulsos de energia magnética da máquina de EMT, afetando certas áreas de meu cérebro e abrindo caminho para minhas habilidades numéricas e o processamento perceptivo diferenciado.

Existem exemplos de pessoas que adquiriram as habilidades da síndrome de *savant* após uma doença ou lesão do cérebro. Uma delas é Orlando Serrell, atingido na cabeça por uma bola de beisebol aos 10 anos. Vários meses depois, começou a lembrar quantidades enormes de informações, inclusive placas de carros, letras de canções e previsões do tempo.

Transformações semelhantes registraram-se em casos de pacientes sofrendo de demência frontotemporal (DFT), uma doença cerebral degenerativa que afeta os lobos frontal e temporal. À medida que a doença progride, a personalidade, o comportamento e a memória são afetados. A DFT ocorre predominantemente em adultos nas casas dos 40, 50 e 60 anos.

Bruce Miller, um neurologista da Universidade da Califórnia, em São Francisco, relata que alguns de seus pacientes com DFT desenvolvem espontaneamente um interesse e habilidade por arte e música. Estudos usando imagens do cérebro revelam que, nos pacientes que desenvolvem habilidades, o fluxo sanguíneo ou a atividade metabólica é bem reduzido no lobo temporal esquerdo. Já o hemisfério direito do cérebro, onde se localizam o processamento visual e espacial, é bem mais preservado.

Parece que minhas convulsões da infância podem ter desempenhado um papel importante em fazer de mim a pessoa que sou hoje. Muitos outros tiveram a mesma impressão a respeito de sua experiência com a epilepsia, entre eles Fiódor Dostoiévski. O escritor russo do século XIX — autor de clássicos da literatura como *Crime e castigo* e *Os irmãos Karamazov* — sofria de uma forma rara de epilepsia do lobo temporal chamada "epilepsia de aura extática". As convulsões de Dostoiévski ocorriam principalmente à noite e eram generalizadas, afetando o corpo inteiro. Sua experiência com a epilepsia levou-o a criar personagens epilépticos em quatro de seus romances: Kirilov, em *Os possessos*; Smerdyakov, em *Os irmãos Karamazov*; Nellie, em *Os insultados e feridos* e Príncipe Myshkin, em *O idiota*.

Dostoiévski descreveu sua experiência de epilepsia nestes termos:

> Por vários instantes, experimento uma felicidade que é impossível num estado normal, e da qual as outras pessoas não têm idéia. Sinto uma plena harmonia em mim e no mundo inteiro, e a sensação é tão forte e doce que, em troca de alguns segundos de tal bem-aventurança, poder-se-ia abrir mão de dez anos de vida, talvez da vida inteira.
>
> Senti o céu descer sobre a terra e me engolir. Eu realmente alcancei Deus e estava imbuído Dele. Todos vocês, pessoas saudáveis, sequer suspeitam o que é felicidade, aquela felicidade que nós, os epilépticos, experimentamos por um segundo antes de um ataque.

Acredita-se que o escritor e matemático Lewis Carroll também tivesse convulsões do lobo temporal, que podem ter inspirado a redação de sua obra mais famosa, *Alice no país das maravilhas*. A passagem a seguir descreve uma experiência de queda involuntária bem semelhante à de um ataque epiléptico:

> Alice não teve nem um segundo para pensar em parar, antes de ver-se caindo no que parecia ser um poço muito profundo. [...] "Muito bem!", pensou Alice. "Depois de uma queda dessas não vou achar nada de mais em cair da escada!" [...] Caindo, caindo, caindo. Essa queda *nunca* teria fim?*

Alguns pesquisadores acreditam que possa haver uma ligação entre epilepsia e criatividade. A escritora Eve LaPlante defende essa tese em seu livro *Seized: Temporal Lobe Epilepsy as a Medical, Historical and Artistic Phenomenon* [*Convulsões: a epilepsia do lobo temporal como um fenômeno médico, histórico e artístico*]. Nele, cita o caso famoso do pintor Vincent van Gogh, que sofria de convul-

(*) Utilizamos aqui a tradução portuguesa de Sebastião Uchoa Leite. (N. do T.)

sões fortes que o deixavam deprimido, confuso e agitado. Apesar da doença, van Gogh produziu centenas de aquarelas, pinturas a óleo e desenhos.

Durante vários meses em torno dos 8 anos, escrevi compulsivamente em longas folhas de papel de computador, muitas vezes escrevendo horas a fio, cobrindo uma folha após a outra com palavras quase coladas umas nas outras. Meus pais tiveram de comprar rolos enormes para mim, porque o papel vivia acabando. Minha letra era miúda — uma professora reclamou que teve de mudar o grau dos óculos para ler meus trabalhos — em virtude de meu medo de ficar sem papel para escrever as palavras.

As histórias que eu escrevia, pelo que consigo lembrar, eram descritivamente densas: uma página inteira podia ser gasta na descrição dos diferentes detalhes de um só local, suas cores, formas e texturas. Não havia diálogos, nem emoções. Em vez disso, eu escrevia sobre túneis longos e entrelaçados bem abaixo de vastos e brilhantes oceanos, sobre cavernas com rochas íngremes e torres subindo alto até o céu.

Eu não precisava pensar no que estava escrevendo; as palavras simplesmente pareciam fluir de minha cabeça. Mesmo sem qualquer planejamento consciente, as histórias eram sempre compreensíveis. Quando mostrei uma à minha professora, ela gostou tanto que leu alguns trechos em voz alta ao resto da turma. Minha compulsão por escrever logo desapareceu, tão subitamente como havia me visitado. Entretanto, deixou um fascínio permanente por palavras e pela linguagem — algo desde então muito benéfico para mim.

Cada vez mais pessoas que vivem atualmente com epilepsia conseguem levar vidas livres de convulsões graças aos avanços constantes da medicina e tecnologia. O estigma antes associado aos diagnosticados com doenças como a epilepsia (e autismo) vem rapidamente desaparecendo. Apesar disto, os distúrbios que afetam o cérebro ainda são mal compreendidos por muitas pessoas. Eu recomendaria aos pais com filhos diagnosticados como epilépticos que se instruam tanto quanto possível sobre essa doença. Mais importante, façam com que seus filhos acreditem nos seus sonhos, porque são eles que moldam o futuro de cada pessoa.

4
Tempos de escola

Ingressei na escola em setembro de 1984, quando meu irmão Lee começava o maternal. Meu pai me levava à aula de manhã — às vezes impaciente com minha lentidão ao andar, parando toda hora para apanhar pedras, prendendo-as entre os dedos. Minha professora, a Sra. Lemon, era uma mulher alta e magra com cabelos castanhos curtos. Eu gostava de seu nome porque, sempre que o ouvia, imediatamente imaginava a forma e cor da fruta. *Lemon* (limão) foi uma das primeiras palavras que aprendi a escrever.

Junto aos portões de entrada da escola, havia um vestiário para as crianças deixarem os seus casacos antes de entrarem na sala de aula. Eu não gostava de usá-lo, porque, com uma só janelinha bem no alto da parede, estava sempre sombrio. Tinha tanto medo de perder meu casaco no meio dos outros, ou de apanhar um agasalho parecido com o meu e levá-lo para casa por engano, que passei a contar os ganchos para saber qual era o que estava com meu casaco. Caso eu chegasse e já encontrasse meu gancho ocupado, ficava contrariado e em pânico. Lembro que, certa vez, entrei direto na sala de aula ainda com o casaco, porque o de outro menino ocupava meu gancho, embora houvesse outros ganchos livres que eu poderia usar.

A sala de aula era retangular, e entrávamos pelo lado direito. Dentro, havia filas intermináveis de gavetas para as crianças colocarem seus lápis e papel, cada uma etiquetada com o nome completo da criança. Cada um de nós recebia uma pasta de plástico também com uma etiqueta com nossos respectivos nomes colada no canto superior esquerdo. A pasta tinha um zíper colorido no alto para abrir e fechar, e éramos instruídos a guardar os livros e trabalhos dentro dela. Eu era muito meticuloso com a minha, sempre lembrando de pôr os livros de volta quando acabava de usá-los.

Minha carteira ficava quase nos fundos da sala, perto da janela, de onde eu podia observar as outras crianças da turma sem ter de fazer contato visual com nenhuma delas. Não recordo os nomes ou rostos de nenhum de meus colegas dos meus primeiros anos de escola — sempre os sentia como algo que eu necessitava enfrentar e contornar, com quem tinha de competir, e não como indivíduos para conhecer e brincar.

Muitas vezes eu entrelaçava as mãos à altura do peito quando ficava de pé ou andava pela sala. Às vezes, levantava os dedos, depois soltava um ou outro e simplesmente permanecia ali com um ou mais dedos apontando para o teto da sala. Certa vez, apontei o dedo médio e me surpreendi quando um colega me abordou e disse que eu estava dizendo palavrão. "Como é que um dedo pode dizer palavrão?", perguntei, mas, em vez de responder, o menino chamou em voz alta a professora, que prontamente me repreendeu pelo mau comportamento.

As assembléias das manhãs eram algo de que passei a gostar. Em primeiro lugar, elas eram previsíveis, ocorrendo na mesma hora todos os dias. A professora pedia que nos levantássemos e formássemos uma fila fora da sala em ordem alfabética e, depois, que caminhássemos em fila até o auditório. Lá dentro, crianças de outras turmas estavam sentadas, quietas, em linhas retas, enquanto passávamos por elas, antes que nos mandassem sentar atrás dos outros. A forte sensação de ordem e rotina me acalmava e muitas vezes eu me sentava no chão do auditório de olhos fechados, balançando levemente enquanto cantarolava para mim — algo que eu costumava fazer quando me sentia relaxado e contente.

A melhor parte de cada assembléia vinha quando cantávamos os hinos: entre os meus favoritos estavam "He's Got the Whole World in His Hands" e "Oats, Peas, Beans and Barley Grow". Eu fechava os olhos e escutava atentamente as outras crianças cantando juntas, as notas se fundindo num ritmo fluido e com uma regularidade tranqüilizadora. A música sempre fazia com que eu me sentisse em paz e contente por dentro. O período da assembléia era o melhor do meu dia escolar.

Com meu primeiro Natal na escola veio a tradicional encenação da Natividade. A mim coube o papel de um dos pastores. Morri de medo só de pensar que teria de me apresentar diante da escola inteira — de todas as crianças, professores e pais — e fiquei bastante contrariado, recusando-me a provar a roupa do pastor ou a ensaiar o texto com a professora. No final, minha mãe interveio subornando-me com doces em troca de minha participação. Olhei para o chão o tempo todo em que estive no palco, mas aquilo não impediu meus pais de comentarem depois quanto se orgulhavam de mim. Após a peça, eu não quis tirar o traje, de modo que meus pais persuadiram a professora a emprestá-lo durante o feriado natalino. Naquela noite, e em todas as outras até o Ano-Novo, dormi com meu manto e chapéu de pastor.

Aprender na sala de aula não foi fácil para mim — eu tinha dificuldade em me concentrar quando as outras crianças estavam conversando ou quando pessoas andavam ou corriam pelos corredores lá fora. Acho muito difícil ignorar o barulho externo e costumo tapar os ouvidos com os dedos para me concentrar melhor. Meu irmão Steven tem o mesmo problema e usa tampões de ouvido quando quer ler ou pensar.

Sempre que escrevia, eu refletia sobre cada letra, palavra e frase. Se notasse um borrão ou erro, apagava tudo e começava de novo. Essa tendência ao perfeccionismo fazia com que eu trabalhasse em ritmo de lesma, terminando uma lição num estado de quase exaustão, mas com pouco resultado em troca. Mesmo assim, nunca me preocupava que a professora pudesse me considerar preguiçoso ou incapaz e nunca cheguei a me importar com o que qualquer das outras crianças pudesse pensar. Eu ainda não entendia o conceito de aprender com os próprios erros.

Escrever era sempre penoso. Certas letras, *g* e *k* em particular, eram cansativas de escrever porque eu simplesmente não conseguia me lembrar como escrevê-las. Eu treinava escrevendo linhas e mais linhas de *g*s e *k*s em uma folha de papel após a outra para memorizar, mas suas voltas e "braços" me pareciam antiintuitivos, e passou um longo tempo até que eu conseguisse escrevê-las com confiança. Também fiquei para trás em caligrafia, incapaz de escrever as palavras com as letras ligadas umas às outras. Se as letras individuais já eram difíceis, combinações como *gh* e *th* eram impossíveis de escrever de uma só vez. Até hoje, escrevo a maioria das letras de uma palavra individualmente, uma após a outra.

Um item que todos na classe recebiam regularmente para levar para casa era uma lata velha cheia de tiras de papel. Cada tira trazia uma palavra diferente para ser treinada, e testes semanais avaliavam quão bem haviam sido aprendidas. Eu sempre me dava muito bem nesses testes, porque conseguia visualizar cada palavra na minha cabeça, baseado na figura que suas letras formavam. A palavra *dog* (*cão*), por exemplo, constitui-se de três círculos com uma linha para cima na primeira letra e uma volta embaixo da última. A palavra na verdade parece muito com um cão se você imaginar a linha para cima como a orelha e a volta embaixo como a cauda. De forma semelhante, os dois *os* em "look" (*olhar*) lembravam um par de olhos. Palíndromos — palavras que podem ser lidas da esquerda para a direita ou vice-versa — como "mum" (*mãe*) e "noon" (*meio-dia*) me pareciam especialmente bonitas e estavam entre as minhas favoritas.

Desde mais ou menos a época em que entrei na escola, desenvolvi um grande amor e fascínio pelos contos de fadas: as histórias e ilustrações intrincadamente detalhadas enchiam minha cabeça de imagens mentais vivas de cidades transbordando de mingau e princesas deitadas numa cama com cem colchões (com uma única ervilha embaixo). Uma de minhas histórias favoritas era a famosa *Rumpelstiltskin* dos Irmãos Grimm. Na hora de dormir, eu adorava ouvir meus pais lerem os nomes exóticos que a rainha dizia tentando adivinhar o nome do anão que sabia fiar ouro: Gaspar, Melquior, Belshazzar, Sheepshanks, Cruickshanks, Spindleshanks...

Outra história que realmente me afetou foi *Sopa de pedra*. Nela, um soldado errante chega numa aldeia pedindo comida e abrigo. Os aldeões, gananciosos e temerosos, se negam a atender o pedido, de modo que o soldado declara que preparará para eles uma sopa de pedra, precisando apenas de um caldeirão, água e uma pedra. Os aldeões se acotovelam em volta enquanto o soldado começa a cozinhar seu prato, lambendo os beiços só de pensar. "Claro que não há nada melhor que sopa de pedra com repolho", diz o soldado para si mesmo em voz alta. Um dos aldeões aproxima-se e joga um de seus repolhos no caldeirão. Aí o soldado diz: "Certa vez comi uma sopa de pedra com repolho e um pedaço de carne em conserva, e aquilo estava digno de um rei!" Como era de se esperar, o açougueiro da aldeia traz carne e, um por um, os outros aldeões providenciam batatas, cebolas, cenouras, cogumelos e assim por diante, até que uma refeição deliciosa fica pronta para a aldeia inteira. Achei esta história intrigante na época, porque eu não tinha nenhuma noção do que é enganar alguém, e não entendia que o soldado estava fingindo fazer uma sopa de pedra para induzir os aldeões a contribuírem com ela. Somente muitos anos depois enfim entendi a moral da história.

Mas certas fantasias eram assustadoras demais para mim. Uma vez por semana uma televisão era trazida para a sala de aula e um programa educativo era exibido. *Look and Read* [*Olhe e leia*] era uma popular série infantil da BBC e uma de suas histórias mais assistidas foi *Dark Towers* [*Torres sombrias*] envolvendo uma menininha que, junto com seu cão, persegue um tesouro escondido em uma casa velha e estranha chamada Dark Towers. A história foi exibida em episódios por dez semanas.

No primeiro capítulo, a menininha — Tracy — descobre Dark Towers e fica sabendo que a casa deve ser mal-assombrada. No final do episódio, um retrato da família começa a sacudir, e o quarto fica muito frio. Tracy ouve uma voz contando que a casa corre perigo e ela ajudará a salvá-la. Lembro que assistia ao programa, com o resto da turma, em silêncio, pernas juntas balançando devagar sob a cadeira. Eu não senti nenhuma emoção até o fim, quando, de repente, como se tivessem ligado um interruptor na minha cabeça, percebi que estava assustado. Sentindo-me agitado, saí correndo da sala — recusando-me a voltar até que a televisão fosse removida. Rememorando, consigo entender por que as outras crianças fizeram pouco de mim, chamando-me de "bebê chorão". Eu tinha quase 7 anos, e nenhuma das outras crianças na sala sentiu-se amedrontada ou perturbada com o programa. Mesmo assim, a cada semana eu era levado à sala do diretor, onde podia ficar sentado esperando enquanto o resto da turma assistia aos outros episódios da série. O diretor tinha uma pequena televisão em sua sala, e lembro de ter visto corridas de carro nela — os carros iam muito rápido dando voltas e voltas e voltas pelo circuito; ao menos era um programa ao qual eu podia assistir.

Outra história vinculada em *Look and Read* que lembro ter-me afetado muito chamava-se *Through the Dragon's Eye* [*Através do olho do dragão*]. Nela, três crianças entravam por um mural que haviam pintado no muro da área de recreação, penetrando num país estranho chamado Pelamar. O país estava morrendo e as crianças tentavam restaurar sua força vital, uma estrutura hexagonal brilhante destroçada numa explosão, ajudadas por um dragão amigo chamado Gorwen. Acompanhadas por Gorwen, as crianças percorriam o país em busca das peças faltantes.

Desta vez, não fiz nenhum escândalo. Até porque estava mais velho, com 10 anos, mas o programa em si foi o que me fascinou. Visualmente bonito, as crianças cercadas por diferentes paisagens de cores vivas ao percorrerem a terra mágica. Vários dos personagens da série — guardiões da força vital — estavam pintados da cabeça aos pés com cores brilhantes com tinta púrpura, laranja e verde. Havia também o enorme camundongo falante e a lagarta gigante. Numa cena, flocos de neve caem do ar e, quando as crianças as pegam nas mãos, magicamente se transformam em letras que formam palavras (uma pista para ajudar as crianças a encontrarem uma das peças da força vital perdida). Em outra, estrelas se transformam em placas de sinalização fosforescentes para o dragão voador Gorwen. Cenas como estas me fascinavam porque a história era narrada basicamente em imagens, com as quais eu me relacionava melhor do que com o diálogo falado.

Assistir à televisão em casa tornou-se parte regular de minha rotina após a escola. Minha mãe lembra que eu me sentava muito perto do aparelho e não gostava quando ela tentava me fazer recuar um pouco para proteger minha vista. Mesmo com tempo quente, eu não tirava o casaco ao voltar da escola, usando-o durante todo o tempo em que assistia aos diferentes programas, às vezes até mais. Para mim, tratava-se de uma camada protetora extra contra o mundo externo, como um cavaleiro com sua armadura.

Enquanto isso, a família ia crescendo. Meus pais não eram nada religiosos; eles simplesmente adoravam crianças e sempre quiseram ter uma família grande. Uma irmã, Claire, nasceu no mês em que entrei na escola, seguida dois anos depois pela chegada de meu segundo irmão, Steven. Pouco depois, minha mãe descobriu estar grávida novamente do seu quinto filho, meu irmão Paul, tornando-se necessário mudarmos para uma casa maior. De início, eu reagi pouco ao grupo crescente de irmãos, sentando-me na quietude de meu quarto e brincando sozinho, enquanto meus irmãos berravam, brincavam e corriam no térreo e no jardim. Mas a presença deles acabou exercendo uma influência bem positiva sobre mim, forçando-me a desenvolver gradualmente as habilidades sociais. Ter pessoas constantemente à minha volta me ajudou a lidar melhor com o ruído e a mudança. Também aprendi a interagir com outras crianças, observando silenciosamente, da janela de meu quarto, meus irmãos brincando juntos e com os amigos.

Mudamo-nos, em meados de 1987, para Hedingham Road, número 43. O interessante é que todos os três endereços de minha infância foram números primos: 5, 43, 181. Ainda melhor, cada um de nossos vizinhos ao lado tinha números primos em suas entradas também: 3 (e 7), 41, 179. Tais pares de números se chamam "primos gêmeos" — números primos que diferem por 2. Os primos gêmeos tornam-se mais raros à medida que a contagem aumenta; assim, por exemplo, encontrar vizinhos com números primos começando por 9 exigiria uma rua bem comprida. O primeiro desses pares é 9.011 e 9.013.

O ano de nossa mudança também foi marcado por um clima muito rigoroso. Janeiro registrou um dos tempos mais frios do sul da Inglaterra em mais de cem anos, as temperaturas caindo para nove graus negativos em alguns lugares. O frio trouxe muita neve e dias sem aula. Do lado de fora, as crianças atiravam bolas de neve e eram puxadas em trenós, mas eu me contentava em ficar sentado à minha janela e observar os flocos de neve caindo, esvoaçantes, do céu. Mais tarde, quando todos os outros haviam entrado em casa, eu me aventurava lá fora sozinho e empilhava a neve do jardim da frente em pilhas idênticas bem altas. Vistas de cima do meu quarto, formavam um círculo — minha forma favorita. Um vizinho veio até nossa casa e comentou com meus pais: "Seu filho fez Stonehenge na neve."

O ano de 1987 também foi o da grande tempestade de outubro — a pior a afetar o sul da Inglaterra desde 1703. Os ventos atingiram 160 quilômetros por hora em alguns lugares e 18 pessoas morreram. Naquela noite, fui para a cama, mas tive dificuldade em adormecer. Meus pais haviam me comprado recentemente um pijama novo, mas o tecido pinicava e eu me revolvia na cama. Acordei ouvindo um som de coisas quebrando: o vento estava arrancando telhas do telhado e atirando-as na rua lá embaixo. Subi no peitoril da janela e olhei para fora: breu total. Fazia calor também, anormal naquela época do ano, e minhas mãos suadas grudaram no peitoril quando quis sair da janela. Então ouvi um rangido vindo em direção ao meu quarto. A porta abriu e vi uma luz laranja tremeluzente sobre uma vela grossa, comprida e branca. Fitei-a até que uma voz, de minha mãe, perguntou se eu estava bem. Não respondi, porque ela segurava a vela à sua frente, e eu não sabia se queria dá-la para mim, como a vela vermelha brilhante num bolo que me dera no último aniversário, mas eu não a queria porque ainda não era meu aniversário.

"Quer um leite quente?"

Fiz que sim com a cabeça e segui-a devagar até a cozinha no andar de baixo. A casa estava toda escura, porque a eletricidade havia sido cortada e nenhum interruptor funcionava. Sentei-me à mesa com minha mãe e bebi o leite espumante que ela preparara e despejara na minha caneca favorita — enfeitada com pontos coloridos — que eu usava para todas as bebidas. Após ser levado escada acima de volta ao meu quarto, subi na cama, puxei o cobertor até a cabeça e voltei a dormir.

De manhã, meu pai me acordou e disse que não haveria aula naquele dia. Olhando pela janela do quarto, pude ver telhas quebradas e latas de lixo espalhadas pela rua, e pessoas conversando em pequenos grupos e balançando as cabeças.

No andar de baixo, a família, amontoada na cozinha, olhava para o jardim nos fundos da casa. A árvore grande no fundo do jardim havia sido arrancada do chão pelos ventos do temporal, galhos e raízes estendidos pela grama. Passaram-se várias semanas até a árvore poder ser serrada e removida. Nesse ínterim, passei várias horas felizes sozinho trepando no tronco da árvore e me escondendo entre os galhos, invariavelmente voltando para casa coberto de sujeira, insetos e arranhões.

A casa em Hedingham Road ficava bem em frente à escola. Da janela de meu quarto, podia ver o estacionamento dos professores, o que dava uma sensação de segurança. Todo dia após as aulas, eu corria até meu quarto para observar os carros saindo. Contava-os um por um e lembrava todas as placas. Só depois que os últimos carros tivessem saído eu descia para jantar.

Minha lembrança mais nítida daquela casa é de fraldas lavadas secando junto à lareira e bebês no colo dos meus pais chorando por leite. Um ano após a mudança, minha mãe deu à luz pela sexta vez. As gêmeas Maria e Natasha foram um acréscimo bem-vindo, pois minha mãe, até então com quatro filhos e uma única filha, sonhava com mais meninas para equilibrar a relação homem/mulher. Ao retornar do hospital, minha mãe chamou-me para descer do quarto e ver as novas irmãs. Era julho — o ápice do verão — e eu sabia que ela sentia calor porque alguns tufos de cabelo na frente estavam grudados na testa. Meu pai pediu que eu me sentasse no sofá da sala, em posição ereta. Então, pegou devagar os bebês em seus braços e trouxe-os para mim com cuidado para que eu segurasse um em cada braço. Meu olhar abaixou até eles;

bochechas gordas e dedos minúsculos, suas blusas rosas com botões de plástico combinavam. Um dos botões estava aberto, de modo que eu o fechei.

O tamanho de nossa família trouxe seu próprio conjunto de desafios. A Hora do Banho era sempre tumultuada e apinhada. Todos os domingos às seis da tarde, meu pai arregaçava as mangas e chamava os meninos (eu e meus irmãos Lee, Steven e Paul) ao banheiro para as nossas abluções semanais. Eu odiava a Hora do Banho: compartilhar o banho com os irmãos, água quente com sabão despejada de um jarro sobre meus cabelos e rosto, meus irmãos respingando água uns nos outros, o calor do vapor enchendo o banheiro. Muitas vezes eu chorava, mas meus pais insistiam que eu tomasse banho com os outros. Com tanta gente numa casa, água quente era algo escasso.

O mesmo acontecia com o dinheiro. Com cinco filhos abaixo dos 4 anos, os meus pais permaneciam em casa para cuidar da família. A falta de um ganha-pão deixava meus pais tensos; discussões sobre como, onde e quando gastar o dinheiro foram ficando cada vez mais constantes. Mesmo assim, meus pais faziam todo o possível para assegurar que jamais faltasse a nós, crianças, coisas como comida, roupas, livros ou brinquedos. Minha mãe fazia da caça por pechinchas nos bazares de caridade, brechós e mercados uma arte, enquanto meu pai se mostrava muito habilidoso em casa. Juntos, formavam uma equipe formidável.

Eu permanecia o máximo possível afastado do tumulto do dia-a-dia. O quarto que eu dividia com meu irmão Lee era onde a família sabia que podia me encontrar, a qualquer hora do dia. Mesmo no verão, quando meus irmãos e irmãs estavam correndo no sol lá fora, eu permanecia sentado no chão do meu quarto, pernas cruzadas e mãos no colo. O tapete vermelho-tijolo era grosso e grumoso, e com freqüência eu esfregava as costas das mãos na sua superfície, porque gostava da sensação de sua textura na minha pele. Quando fazia calor, o sol entrava no meu quarto, fazendo brilhar as partículas de poeira que flutuavam no ar à minha volta e se fundiam num só padrão de luz sarapintada. Sentado quieto e silencioso por horas a fio, eu observava diligentemente a aquarela de matizes e cores diferentes fluírem e refluírem através das paredes e mobília do meu quarto com a passagem do dia; o fluxo do tempo tornado visual.

Sabendo de minha obsessão por números, minha mãe me deu um livro de enigmas matemáticos para crianças que descobriu num sebo. Lembro que foi mais ou menos na época em que comecei o primário, porque o Sr. Thraves

— meu professor — me repreendia quando eu levava o livro para a aula. Ele achava que eu passava tempo demais pensando em números, em vez de participar das atividades com o resto da turma, e claro que tinha razão.

Um dos exercícios do livro dizia: Existem 27 pessoas numa sala, e cada uma delas dá a mão a todas as outras. Qual o total de apertos de mão?

Ao ler o exercício, fechei os olhos e imaginei dois homens dentro de uma bolha grande, depois imaginei meia bolha ao lado da bolha maior com uma terceira pessoa dentro. A dupla na bolha maior se cumprimentava, depois cada um deles dava a mão ao terceiro homem na meia bolha. Isto significava três apertos de mão para três pessoas. Depois eu imaginava uma segunda meia bolha ao lado da bolha maior com uma quarta pessoa dentro. Então cada uma das duas pessoas na bolha grande precisava cumprimentá-la também, e depois os homens das meias bolhas se cumprimentavam. Isto resultaria em seis apertos de mão entre quatro pessoas. Continuei nesse caminho, imaginando dois outros homens em duas outras meias bolhas, até chegar em seis homens e 15 apertos de mão. A seqüência de apertos de mão parecia assim:

1, 3, 6, 10, 15...

E percebi que eram números triangulares. Trata-se de números que podem ser dispostos em forma de triângulo quando representados por uma série de pontos, como:

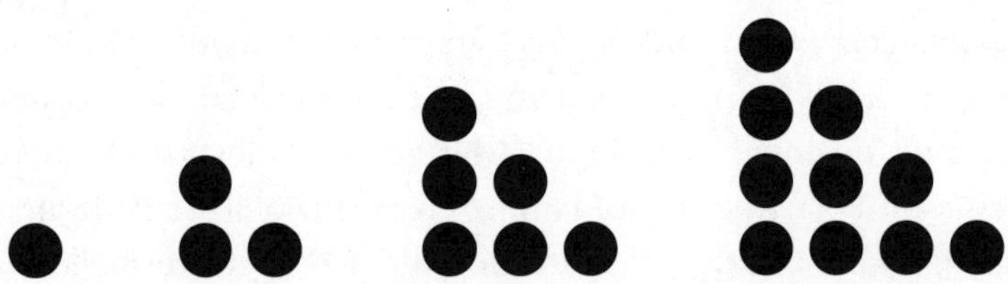

Os números triangulares são formados assim: 1 + 2 + 3 + 4 + 5... onde 1 + 2 = 3 e 1 + 2 + 3 = 6 e 1 + 2 + 3 + 4 = 10 etc. Talvez seja possível observar que dois números triangulares consecutivos formam um número quadrado — por exemplo, 6 + 10 = 16 (4 x 4) e 10 + 15 = 25 (5 x 5). Para ver isto, gire visualmente o 6 para que se encaixe no canto superior direito acima do 10.

Tendo percebido que a resposta ao quebra-cabeça dos apertos de mão era um número triangular, descobri um padrão que me ajudaria a encontrar a solução. Antes de mais nada, eu sabia que o primeiro número triangular (1) começa com duas pessoas, o mínimo necessário para um aperto de mão. Se a seqüência de números triangulares começa com duas pessoas, o vigésimo sexto número da seqüência coincidiria com o número de apertos de mão gerados por 27 pessoas que se cumprimentam mutuamente.

Depois percebi que 10, o quarto número da seqüência, estabelece a seguinte relação com quatro: 4 + 1 x 4/2, e isto valia para todos os números da seqüência; por exemplo, 15, o quinto número triangular = 5 + 1 x 5/2. Assim a resposta ao quebra-cabeça equivale a 26 + 1 x 26/2 = 27 x 13 = 351 apertos de mão.

Eu adorava decifrar tais quebra-cabeças. Eles me desafiavam, o que não ocorria com a matemática ensinada no colégio. Eu passava horas seguidas lendo e tentando solucionar as questões, seja na aula, no recreio ou no meu quarto, em casa. Nas suas páginas, encontrei uma sensação de calma e prazer, e, por algum tempo, o livro e eu nos tornamos inseparáveis.

Uma das maiores fontes de frustração para meus pais foram minhas coleções obsessivas de diferentes coisas, como as castanhas marrons brilhantes que caíam no outono em grandes quantidades das árvores enormes que pontilhavam a estrada comprida perto de nossa casa. Até onde vai minha lembrança, as árvores eram uma fonte de fascínio para mim. Eu adorava esfregar as palmas das mãos na casca áspera e enrugada e pressionar as pontas dos dedos ao longo de seus sulcos. As folhas que caíam formavam espirais no ar, como as espirais que eu via quando fazia divisões de cabeça.

Meus pais não gostavam que eu saísse sozinho. Assim, eu coletava as castanhas com meu irmão Lee. Eu não me importava — ele era um par extra de mãos. Recolhia cada castanha do chão com meus dedos e empurrava sua forma regular redonda para a concavidade de minha palma (hábito que mantenho até hoje — a sensação tátil tem uma ação reconfortante, embora agora eu prefira moedas ou bolas de gude). Enchia os bolsos um por um com as castanhas até lotar todos eles. Era como uma compulsão, eu simplesmente tinha de coletar cada castanha que conseguia encontrar e reuni-las num só lugar. Tirava sapatos e meias e os enchia de castanhas também, voltando descalço para casa com mãos, braços e bolsos transbordando de castanhas.

De volta à casa, despejava as castanhas no chão do meu quarto e contava-as várias vezes. Meu pai trouxe um saco de lixo e sugeriu que, enquanto as contasse, jogasse as castanhas lá dentro. Eu passava horas todos os dias coletando as castanhas, levando-as até o meu quarto e rapidamente enchendo o saco num canto. No final, meus pais temeram que o peso das castanhas recolhidas pudesse danificar o teto do aposento sob o meu e levaram o saco até o jardim. Eles toleraram minha obsessão, deixando que eu continuasse brincando com as castanhas no jardim, mas sem trazê-las para casa, para que minhas irmãs bebês não corressem o risco de sufocar-se com alguma esquecida no chão. Com o passar dos meses, meu interesse acabou sumindo, e as castanhas mofaram, até que meus pais enfim providenciaram a sua remoção para o depósito de lixo local.

Pouco tempo depois, surgiu um interesse obsessivo em colecionar folhetos, de diferentes tamanhos. Costumavam ser despejados na nossa caixa de correio junto com o jornal local ou a correspondência da manhã, e eu me fascinava com seu aspecto reluzente e forma simétrica (não importava o que estava sendo anunciado — o texto não me interessava). Meus pais logo reclamaram das pilhas precariamente empilhadas que se acumulavam em cada gaveta e cada prateleira da casa, especialmente quando se esparramavam pelo chão sempre que alguém abria um armário. Como no caso das castanhas, minha mania de folhetos gradualmente desapareceu, para alívio dos meus pais.

Quando me comportava, era recompensado com dinheiro. Por exemplo, se houvesse folhetos no chão, meus pais pediam que os recolhesse e colocasse de volta no armário. Em troca, me davam moedas de baixo valor, montes delas, porque sabiam quanto eu gostava de círculos. Eu passava horas empilhando cuidadosamente as moedas, uma sobre a outra, até parecerem torres brilhantes e oscilantes, bem altas. Minha mãe sempre pedia montes de moedinhas de troco nas lojas, de modo que eu dispunha de um bom suprimento para as minhas torres. Às vezes construía várias pilhas da mesma altura ao meu redor em forma de círculo e me sentava no meio, cercado por todos os lados, sentindo calma e segurança interiores.

Quando os Jogos Olímpicos chegaram a Seul, na Coréia do Sul, em setembro de 1988, as diferentes visões e sons na tela da televisão me fascinaram mais do que qualquer outra coisa que já vira. Com 8.465 participantes de 159 países, foram os maiores jogos da história. Havia tantas visões extraordinárias: dos nadadores na água cintilante e espumosa, cabeças protegidas por óculos de natação, subindo e descendo ritmicamente a cada braçada; os corredores nas pistas, braços e pernas morenos e vigorosos reduzidos a um borrão; ginastas saltando, girando e dando cambalhotas no ar. Absorto pela cobertura olímpica da televisão, assisti ao máximo que pude na sala de estar, qualquer que fosse o esporte ou evento.

Por sorte, meu professor pediu à turma uma pesquisa baseada nos jogos de Seul. Passei a semana seguinte recortando de jornais e revistas centenas de fotos dos atletas e eventos e colando-as em folhas de cartolina. Meu pai me ajudava com a tesoura. A escolha de como organizar os diferentes recortes seguiu uma lógica inteiramente visual: atletas vestidos de vermelho eram colados numa folha; aqueles de amarelo eram postos em outra; os de branco, em uma terceira, e assim por diante. Em folhas menores de papel pautado eu escrevi, com minha melhor caligrafia, uma longa lista de nomes de todos os países que encontrei mencionados nos jornais com participantes nos jogos. Redigi também uma lista de todos os eventos diferentes, inclusive *tae kwon do* — o esporte nacional da Coréia — e pingue-pongue, que fez sua estréia olímpica em Seul. Havia também listas de estatísticas e escores, inclusive pontos dos eventos, tempos das corridas, quebras de recordes e medalhas ganhas. No final, eram tantas as folhas de recortes e páginas escritas que meu pai teve de perfurar cada uma delas e juntá-las com barbante. Na capa da frente, desenhei uma figura dos anéis olímpicos com as cores azul, amarela, preta, verde e vermelha. Meu professor deu nota máxima pela quantidade de tempo e esforço que dediquei ao projeto.

Ler sobre os diferentes países representados nos Jogos Olímpicos fez com que eu quisesse saber mais sobre eles. Lembro-me de ter pego na biblioteca um livro sobre as diferentes línguas ao redor do mundo. Lá dentro encontrei uma descrição e ilustração do alfabeto fenício antigo. Ele data de cerca de 1000 a.C. e acredita-se que tenha levado à formação de muitos dos sistemas de alfabeto utilizados no mundo moderno, inclusive o hebraico, o árabe, o grego e o cirílico. À semelhança do árabe e hebraico, o fenício é um alfabeto consonantal, não contendo símbolos para sons de vogais, que precisam ser deduzidos do contexto. As palavras costumavam ser escritas da direita para a esquerda. Eu me fascinava com as linhas e curvas próprias das diferentes letras, e comecei a encher um bloco de notas após o outro com longas sentenças e histórias exclusivamente na escrita fenícia. Usando giz colorido, cobri as paredes internas do galpão de nosso jardim com minhas palavras favoritas compostas inteiramente de letras fenícias. Eis o meu nome, Daniel, em fenício:

No ano seguinte, quando eu tinha 10 anos, um vizinho idoso faleceu e uma família jovem mudou-se para a rua. Certa vez, uma menininha de cabelos louros bateu na nossa porta, dizendo à minha mãe que havia visto uma menina brincando na frente da nossa casa (a menina era minha irmã Claire) e perguntando se podia vir brincar com ela. Minha mãe apresentou-a à minha irmã e a mim — achou aquela uma boa oportunidade de eu me misturar com outras crianças da vizinhança — e fomos à casa dela, onde nos sentamos na varanda que dava para o jardim. Minha irmã e a menininha logo se tornaram boas amigas, brincando juntas quase todos os dias no jardim dela. Seu nome era Heidi, e ela tinha uns 6 ou 7 anos. A mãe era finlandesa, mas o pai vinha da Escócia, de modo que Heidi fora criada falando inglês, e só agora começava a aprender suas primeiras palavras finlandesas.

Heidi tinha diversos livros infantis com desenhos em cores brilhantes e os nomes dos objetos escritos embaixo, em finlandês. Sob o desenho de uma maçã vermelha reluzente estava a palavra *omena* e sob outro de um sapato figurava a palavra *kenkä*. Algo na forma e som das palavras finlandesas que li e ouvi me pareceu bonito. Enquanto minha irmã e Heidi brincavam juntas, eu ficava sentado examinando os livros, aprendendo as várias palavras. Embora bem diferentes das palavras inglesas, consegui aprendê-las com rapidez e lembrar todas elas com facilidade. Sempre que eu ia embora do jardim de Heidi, virava para ela e dizia: *Hei Hei!* — até logo em finlandês!

Naquele verão, pela primeira vez permitiram que eu percorresse sozinho a distância curta entre a casa e a escola. O caminho era orlado de uma fileira após a outra de sebes e, certa tarde, ao voltar do colégio, notei um inseto vermelho minúsculo coberto de pontos pretos rastejando dentro de uma delas. Fascinado, sentei-me na calçada para observá-lo de perto, subindo e descendo por cada folhinha e galho, parando e recomeçando e voltando a parar em diferentes pontos ao longo de seu trajeto. Suas costas pequenas eram redondas e brilhantes, e contei seus pontos várias vezes. Os transeuntes na rua me contornavam, alguns deles resmungando a meia-voz. Eu devia estar no meio do caminho, mas, naquele momento, não pensava em outra coisa além da joaninha à minha frente. Cuidadosamente, estendi meu dedo para que ela subisse nele e corri para casa.

Eu nunca havia visto joaninhas, a não ser nas figuras dos livros, mas havia lido tudo sobre elas e sabia, por exemplo, que em muitas culturas se acredita que tragam sorte, por devorarem as pragas (conseguem comer de cinqüenta a sessenta pulgões por dia) e ajudarem a proteger as culturas. Na época medieval, os fazendeiros consideravam a sua ajuda divina, e é por esse motivo que seu nome faz alusão a Nossa Senhora*. Os pontos pretos da joaninha absorvem energia do sol, enquanto suas cores ajudam a assustar predadores potenciais, pois muitos deles associam cores brilhantes a veneno. Elas também produzem uma substância química com gosto e cheiro horríveis, para que os predadores não as comam.

Empolguei-me com minha descoberta e quis capturar o máximo de joaninhas possível. Minha mãe viu o pequeno inseto na minha mão, quando entrei pela porta da frente, e disse que elas eram "pegajosas" e que eu deveria dizer: "Joaninha, joaninha, volte voando para casa!". Mas eu não disse aquilo, pois não queria que ela saísse voando. Lá em cima, no meu quarto, havia um recipiente de plástico onde eu mantinha minha coleção de moedas. Esvaziei-o, despejando as moedas no chão, formando uma montanha de metal, e pus a joaninha dentro do recipiente. Depois, voltei à rua e passei várias horas, até não conseguir enxergar mais nada de tão escura que estava a noite, olhando dentro das várias sebes em busca de joaninhas. Ao encontrar uma, pegava-a delicadamente com as pontas dos dedos e colocava no recipiente, junto com as outras. Eu havia lido que as joaninhas gostam de folhas e pulgões; portanto arranquei das sebes montes de folhas e algumas urtigas com pulgões, colocando tudo no recipiente com as joaninhas.

Ao voltar para casa, levei o recipiente de volta ao quarto, colocando-o sobre a mesa de cabeceira. Com uma agulha, abri alguns buracos nas laterais

(*) A joaninha em inglês chama-se *ladybird*, possivelmente em alusão a Our Lady, Nossa Senhora. (N. do T.)

do recipiente para que as joaninhas dispusessem de ar e luz suficientes em sua nova casa, depois tapei o recipiente com um livro grande para impedir que elas saíssem voando pela casa. Na semana seguinte, todo dia após o colégio eu saía e colhia mais folhas e pulgões para as joaninhas, trazendo-os para o recipiente no meu quarto. Salpiquei água em algumas das folhas para que as joaninhas não sentissem sede.

Na escola, eu falava sobre as joaninhas sem parar, até que meu professor, o Sr. Thraves, exasperado, pediu que eu as trouxesse para a aula. No dia seguinte, trouxe o recipiente comigo para a escola e mostrei minha coleção de joaninhas para ele e as crianças da turma. Àquela altura, eu havia encontrado e colocado centenas de joaninhas naquele recipiente. Ele deu uma olhada e, em seguida, pediu que eu pusesse o recipiente na mesa dele. Deu-me uma folha de papel dobrada para que a levasse ao professor da turma ao lado. Demorei alguns minutos para fazer isso e, quando voltei, o recipiente havia sumido. O Sr. Thraves, temendo que as joaninhas escapassem do recipiente e voassem pela sala de aula, pedira a uma das outras crianças que o levasse para fora e soltasse todas as joaninhas. Quando percebi o que havia acontecido, senti como se minha cabeça fosse explodir. Irrompi em lágrimas e saí correndo do colégio até em casa. Absolutamente perturbado, não disse uma palavra ao professor durante várias semanas, e se ele chamasse meu nome eu me agitava.

Outras vezes, o Sr. Thraves podia ser excepcionalmente gentil comigo. Sempre que eu ficava ansioso ou aflito na aula, levava-me à sala de música da escola para me acalmar. Ele era músico e muitas vezes tocava violão para as crianças durante as aulas. A sala de música estava cheia de instrumentos usados nas diferentes apresentações da escola ao longo do ano, inclusive címbalos, tambores e um piano. Ele me mostrou como as diferentes teclas do piano produzem notas diferentes, ensinando-me a tocar melodias simples. Eu gostava quando me deixavam ir àquela sala para sentar ao piano e testar as teclas. Sempre adorei música, pela capacidade de aliviar qualquer ansiedade que porventura sentisse e me deixar calmo e pacífico por dentro.

Sentimentos de alta ansiedade eram comuns no horário da escola. Eu ficava nervoso quando um evento escolar do qual todos deveriam participar era anunciado em cima da hora, ou por mudanças nas rotinas normais da turma. A previsibilidade era importante para mim, uma forma de me sentir no controle de uma dada situação e de manter distante a sensação de ansiedade, ao menos temporariamente. Nunca me sentia à vontade na escola e raramente estava feliz, exceto quando me deixavam sozinho para fazer minhas próprias coisas. Dores de cabeça e estômago eram sinais freqüentes de minha tensão naquela época. Às vezes ficavam tão fortes que eu nem conseguia entrar na sala de aula. Por exemplo, se eu chegasse alguns minutos atrasado e percebesse que a turma havia ido à assembléia. Eu me aterrorizava ante a idéia de caminhar sozinho até o ginásio e não queria esperar pela multidão barulhenta de crianças retornando depois, de modo que voltava direto para casa, para o meu quarto.

O dia anual dos esportes na escola era fonte de grande tensão. Eu nunca me interessava em participar e não tinha nenhum interesse por esportes. O dia envolvia multidões de espectadores ruidosos de eventos como as corridas de saco e ovo na colher, e a combinação de multidões e barulho (e, com freqüência, calor de verão) era demais para mim. Meus pais geralmente me deixavam ficar em casa, para não correr o risco de um colapso. Se eu me sentisse esmagado por uma situação, meu rosto ficava bem vermelho e eu batia na lateral da cabeça com força até doer bastante. A sensação de tensão dentro de mim era tamanha que eu precisava fazer alguma coisa, qualquer coisa, para liberá-la.

Foi o que aconteceu certa vez durante uma aula de ciências onde o Sr. Thraves ajudara um dos alunos a preparar uma experiência envolvendo uma bola de massa de modelar suspensa por um pedaço de barbante. Fascinado com aquela visão incomum — e ignorando que fazia parte de uma experiência em andamento — caminhei em sua direção e pus-me a tocar e puxar a massa com os dedos. Nesse momento, o professor se aborreceu porque eu havia interferido sem nenhuma razão (ao menos de acordo com a compreensão dele) e me repreendeu, mas eu não tinha a menor idéia do motivo de seu aborrecimento e fiquei bem confuso e contrariado. Saí correndo da sala, batendo a porta com tamanha força que o vidro da janela se espatifou. Ainda lembro dos suspiros das crianças enquanto eu saía correndo da sala. Quando cheguei em casa, meus pais me explicaram que eu devia me esforçar ao máximo para não reagir daquela maneira de novo. Eles tiveram que visitar o diretor, escrever um pedido de desculpas e arcar com o custo da substituição da janela quebrada.

Uma idéia dos meus pais para me ajudar a lidar com as emoções foi ensinar-me a pular corda. Eles esperavam que isso ajudasse nas habilidades de coordenação e me encorajasse a passar mais tempo ao ar livre, fora do meu quarto. Embora levasse algum tempo para me acostumar, logo eu conseguia pular por longos períodos, durante os quais me sentia bem melhor e mais calmo interiormente. Enquanto pulava, contava cada volta e visualizava a forma e textura do número, como eu o imaginava.

Com freqüência eu me sentia confuso com as folhas de exercícios de matemática que recebíamos na aula com os diferentes números impressos igualmente em preto. Para mim, as folhas pareciam cobertas de erros de impressão. Eu não conseguia entender, por exemplo, por que o oito não era maior que o seis, ou por que o nove não estava impresso em azul em vez de preto. Eu imaginava que a escola imprimira noves demais nas folhas de exercícios anteriores e a tinta com a cor certa acabara. Ao escrever minhas respostas no papel, o professor reclamava que minha letra era irregular e confusa demais. Mandavam que eu escrevesse todos os números da mesma maneira. Eu não gostava de ter de escrever os números errado. Nenhuma das outras crianças parecia se importar. Só na adolescência percebi que minha experiência dos números era bem diferente daquela das outras crianças.

Eu sempre terminava todas as minhas contas bem antes das outras crianças da turma. Com o tempo, eu estava literalmente vários livros-texto na frente dos outros. Após terminar, pediam que eu ficasse quieto na carteira para não perturbar o trabalho dos outros. Aí eu colocava a cabeça entre as mãos e pensava em números. Às vezes, enquanto absorto nos meus pensamentos, cantarolava baixinho para mim mesmo, sem me dar conta do que estava fazendo, até meu professor vir à minha carteira. Aí eu percebia e parava.

Para preencher o tempo, criava meus próprios códigos, substituindo letras por números. Assim, por exemplo, "24 1 79 5 3 62" era o código da palavra *Daniel*. Então eu emparelhava as letras do alfabeto — (ab), (cd), (ef), (gh), (ij) etc. — dando a cada par um número de 1 a 13: (ab) = 1, (cd) = 2, (ef) = 3, (gh) = 4, (ij) = 5 etc. Aí se tornava necessário apenas distinguir entre as duas letras de um par. Para isso, eu adicionava um número aleatório se quisesse a segunda letra de cada par; senão, simplesmente escrevia o número correspondente ao par da letra. Assim, "24" significava a segunda letra do segundo par, *d*, enquanto "1" representava a primeira letra do primeiro par de letras, *a*.

Depois de pedir permissão ao professor, eu costumava levar os livros-texto de matemática comigo para casa. Eu me deitava de barriga para baixo no chão do quarto, livros abertos à minha frente, e passava horas somando. Certa vez, meu irmão Lee estava no quarto me observando. Sabendo que eu adorava multiplicar um número por ele mesmo, disse alguns para me testar, conferindo as respostas na calculadora: 23? 529. 48? 2.304. 95? 9.025. Depois me deu uma operação bem maior: 82 x 82 x 82 x 82? Pensei por uns dez segundos, minhas mãos bem apertadas e a cabeça se enchendo de formas, cores e texturas. "45.212.176", respondi. Meu irmão não disse nada, de modo que olhei para ele. Seu rosto parecia diferente; estava sorrindo. Lee e eu não éramos muito ligados até então. Foi a primeira vez que o vi sorrir para mim.

No meu último verão na Dorothy Barley, os professores organizaram uma excursão de uma semana para várias turmas, inclusive a minha, a Trewern, um acampamento situado no interior, na fronteira entre a Inglaterra e Gales. Meus pais acreditaram que seria uma boa oportunidade de eu experimentar um ambiente diferente por vários dias. Um ônibus comprido e reluzente com um motorista que cheirava a tabaco veio buscar as crianças e os professores. Meu pai me ajudara a empacotar minhas roupas e livros para a viagem e veio se despedir na hora da partida.

No acampamento, as crianças foram divididas em grupos pequenos, e cada grupo ficou morando numa cabana durante aquela semana. Cada cabana tinha espaço suficiente apenas para beliches, uma pia e uma mesa com cadeira. Eu detestei estar longe de casa, porque tudo estava em desordem e acho difícil enfrentar grandes mudanças. Tínhamos de acordar de madrugada — em torno das cinco horas — para uma corrida no campo, de camiseta e *short*. Fiquei faminto o tempo todo porque o centro aparentemente não dispunha dos alimentos que eu comia em casa, como os cereais Weetabix e sanduíches de creme de amendoim. Eu também ficava pouco tempo sozinho, já que as crianças deviam participar de atividades em grupo todos os dias.

Uma delas era um passeio montando pôneis, uma atividade organizada pela cocheira local. O dia consistia em uma lição de como controlar um pônei e depois um passeio pelas trilhas locais acompanhado de um guia. Achei muito difícil manter o equilíbrio sobre o pônei e vivia escorregando na sela, por isso agarrei-me às rédeas com força para não cair. Uma das donas do estábulo, ao ver aquilo, ficou muito zangada e gritou comigo. Ela tinha grande paixão por seus animais, mas eu não compreendi na época que havia feito algo errado e fiquei muito aborrecido. Depois daquilo, fui me recolhendo cada vez mais, passando o maior tempo possível sozinho na cabana.

Houve outras atividades em grupo, inclusive percorrer uma caverna subterrânea. Era escuro lá dentro e todos tinham de usar capacetes com lanternas. A caverna era fria, úmida e lamacenta, e fiquei contente quando saímos lá de dentro e pegamos uma ponte de toras sobre um riacho. Enquanto eu a percorria bem devagar, um dos meninos do grupo passou correndo, rindo, e me empurrou com tanta força que caí na água. Com o choque, fiquei mudo por um longo tempo, sentado na água rasa, as roupas encharcadas grudando na pele. Depois subi de volta à trilha e caminhei sozinho até minha cabana, rosto vermelho vivo, tentando ao máximo não chorar por causa da súbita perda de controle. As intimidações às vezes constituíam um problema para mim, porque eu era diferente e solitário. Algumas crianças me xingavam ou riam de mim porque eu não tinha nenhum amigo. Felizmente, acabavam se cansando e indo embora, pois eu não reagia. Tais experiências reforçavam a percepção de que eu era um estranho no ninho.

Houve um momento agradável na semana em Trewern. No final, os funcionários do acampamento distribuíram vários prêmios pelas realizações dos diferentes grupos; o meu ganhou o prêmio da cabana mais arrumada.

Era sempre bom estar em casa. Lá, eu me sentia seguro e calmo. Só mais outro lugar dava a mesma sensação: a biblioteca local. Desde que aprendi a ler, eu fazia meus pais me levarem, num percurso diário, ao pequeno prédio de tijolos com paredes grafitadas e, dentro, uma sala com estantes e mais estantes de livros infantis com letras coloridas e capas de plástico, e pufes *bean bag* multicoloridos nos cantos. Eu visitava a biblioteca todo dia após a aula e durante as férias escolares, fizesse chuva ou sol, lá permanecendo durante muito tempo, às vezes até a hora de fechar. A biblioteca era plena de calma e ordem que me davam uma sensação de contentamento. As enciclopédias constituíam meu material de leitura preferido, embora muito pesadas para segurar, sendo preciso sentar numa mesa com uma delas aberta à minha frente. Eu adorava aprender diferentes fatos e cifras, como os nomes das capitais dos países, e fazer listas dos nomes e datas dos reis e rainhas da Inglaterra e presidentes dos Estados Unidos, e outras informações inúteis. Os bibliotecários se familiarizaram com as minhas visitas diárias e conversavam com meus pais enquanto eu lia. O chefe da biblioteca, impressionado com a minha freqüência, indicou-me para uma premiação, que acabei ganhando, pelo esforço e bom domínio da leitura. O prefeito da cidade entregou o prêmio — adequadamente um troféu — em uma breve cerimônia na prefeitura. Quando fui pegar o prêmio, o prefeito se curvou e perguntou meu nome, mas eu não ouvi nem respondi, porque estava ocupado demais contando os elos da insígnia usada pelo prefeito, e só consigo fazer uma coisa de cada vez.

5
Elemento discrepante

Lembro que me sentava sozinho sob a sombra das árvores que pontilhavam o perímetro do pátio de recreio da escola, observando, à distância, as outras crianças correndo e gritando e brincando. Estou com 10 anos e sei que sou diferente de uma maneira que não consigo expressar ou entender. As crianças são ruidosas e agitadas, colidindo e se empurrando. Constantemente temo ser atingido por uma das bolas freqüentemente atiradas ou chutadas pelo ar, um dos motivos por que prefiro ficar na beira do pátio, distante dos colegas de turma. Faço isso em todos os recreios, sem exceção, de modo que logo todos passam a comentar que o Daniel conversa com as árvores e é estranho, e acham graça disso.

Na verdade, nunca conversei com árvores. É inútil conversar com coisas que não podem responder. Converso com meus gatos, mas isto porque ao menos eles conseguem responder com um miado. Gostava de passar o tempo entre as árvores do pátio porque lá podia andar de um lado para o outro, absorto nos meus pensamentos, sem medo de ser empurrado ou derrubado. Ao andar, tinha por breves momentos a sensação de que conseguia desaparecer atrás de cada árvore. Não raramente sentia o desejo de sumir. Parecia não me adaptar a nenhum lugar, como se tivesse nascido no mundo errado. A sensação de nunca me sentir totalmente à vontade ou seguro, de estar sempre distante e separado, pesava sobre mim.

Cada vez mais me conscientizava de minha solidão, e comecei a sentir falta de um amigo. Todos os meus colegas de turma tinham pelo menos um e a maioria tinha vários. Eu passava horas à noite acordado na cama olhando para o teto e imaginando como seria a amizade com alguém. Tinha certeza de que, de algum modo, aquilo me tornaria menos diferente. Talvez então, eu pensava, as outras crianças não me achem tão estranho assim. De nada adiantava meu irmão e minha irmã mais novos terem diversos amigos que às vezes vinham com eles da escola para casa. Eu sentava à janela olhando o jardim lá embaixo e ouvindo-os brincar. Eu não conseguia entender por que não estavam conversando sobre coisas realmente interessantes, como moedas ou castanhas ou números ou joaninhas.

Às vezes, outras crianças da turma tentavam falar comigo. Digo "tentavam" porque para mim era difícil interagir com elas. Em primeiro lugar, eu não sabia o que fazer ou falar. Eu quase sempre falava olhando para o chão, e nem me ocorria tentar fazer contato visual. Se olhava para cima, era para a boca da outra pessoa se mexendo enquanto ela falava. Às vezes, ao falar comigo, um professor pedia que eu o olhasse nos olhos. Aí eu levantava a cabeça e olhava para ele, mas aquilo exigia muita força de vontade e parecia estranho e incômodo. Quando eu falava com alguém, geralmente era numa seqüência longa e ininterrupta de palavras. A idéia de fazer uma pausa ou de alternar as falas num diálogo simplesmente não me ocorria.

Eu nunca era grosseiro de propósito. Não entendia que o objetivo da conversa era tudo menos falar sobre as coisas que mais interessavam. Eu conversava, entrando nos mínimos detalhes, até me esvaziar de tudo que queria dizer, e sentia que poderia estourar se fosse interrompido no meio do fluxo. Nunca me ocorreu que o tema sobre o qual estava falando poderia não interessar à outra pessoa. Eu também nunca percebia se o ouvinte começava a se inquietar ou olhar para os lados, e continuava falando até que me dissessem: "Preciso ir agora."

Ouvir as outras pessoas não é fácil para mim. Quando alguém está falando comigo, sinto muitas vezes como se estivesse tentando sintonizar certa estação de rádio, e grande parte do que é dito simplesmente entra e sai da minha cabeça como estática. Com o tempo, aprendi a selecionar o suficiente para entender do que se está falando, mas pode ser problemático quando me fazem uma pergunta e eu não ouço. O autor da pergunta pode se aborrecer comigo, e me sinto muito mal com isto.

As conversas na sala de aula ou no recreio costumavam ser atrapalhadas pela minha incapacidade de permanecer "dentro do tema". Muitas vezes, minha mente começava a vagar, em parte porque lembro tanta coisa do que vejo e leio, e uma palavra ou nome inesperado no meio de uma conversa pode causar uma torrente de associações em minha mente, como um efeito dominó. Atualmente, quando ouço o nome Ian, um quadro mental de alguém que conheço com este nome vem espontaneamente à minha cabeça, sem que eu precise pensar nele. Aí o quadro salta para um do Mini que ele dirige, o que por sua vez me faz evocar várias cenas do filme clássico *Uma saída de mestre*. A seqüência de meus pensamentos nem sempre é lógica, mas costuma se compor por uma forma de associação visual. Na escola, esses desvios associativos às vezes faziam com que eu deixasse de ouvir o que me diziam, e os professores muitas vezes me repreendiam por não escutar ou não me concentrar o suficiente.

Às vezes consigo ouvir cada palavra e reconhecer cada detalhe do que me está sendo dito, e mesmo assim não responder apropriadamente. Alguém poderia me dizer: "Eu estava escrevendo uma composição no computador quando, sem querer, apertei a tecla errada e deletei tudo", e eu ouvirei que ele apertou uma tecla que não devia e que estava escrevendo uma composição ao apertar a tecla, mas não associarei as diferentes afirmações para obter o quadro geral — que a composição foi deletada. É como unir os pontos num livro de passatempos e ver cada ponto, mas não o que eles formam quando unidos. Acho quase impossível "ler nas entrelinhas".

Igualmente difícil para mim é saber quando responder a afirmações que não são expressas explicitamente como perguntas. O que me dizem, tendo a aceitar como informação, o que significa que acho difícil usar a língua socialmente como quase todo mundo faz. Se uma pessoa diz para você: "Meu dia hoje não está sendo bom", aprendi que o interlocutor espera que você diga algo como: "É mesmo?" e depois pergunte o que está causando o mau dia. Eu entrava em apuros na aula quando um professor achava que eu estava sendo indiferente, quando na verdade eu não percebi que estavam esperando uma resposta. Por exemplo, ele podia dizer "Sete vezes nove" enquanto me olhava, e claro que eu sabia que a resposta era 63, mas não percebia que ele esperava que eu dissesse a resposta em voz alta para a turma. Só quando o professor repetia a pergunta explicitamente como "Quanto é sete vezes nove?" é que eu dava a resposta. Saber quando alguém espera que você responda a uma afirmação não é intuitivo para mim, e minha capacidade de fazer coisas como conversar socialmente só emergiu como resultado de muita prática.

Praticar essas coisas era importante para mim, porque, acima de tudo, eu queria ser normal e ter amigos como todas as outras crianças. Sentia-me bem sempre que dominava uma habilidade nova, como manter o contato visual, porque foi algo que tive de treinar com muito esforço, e a sensação pessoal de realização subseqüente era sempre incrível.

Eu tinha de me acostumar à sensação de solidão que me cercava no recreio. Além de minhas andanças entre as árvores, passava o tempo ali contando pedras e os números no jogo de amarelinha. Com freqüência me enredava totalmente nos meus próprios pensamentos, ignorando o que os outros à minha volta viam ou pensavam. Quando me entusiasmava com algo, juntava as mãos em concha perto do rosto e pressionava os lábios com os dedos. Às vezes as mãos batiam uma na outra fazendo som de aplauso. Se eu fizesse isso em casa, minha mãe não gostava e me mandava parar. Mas eu não fazia de propósito — simplesmente acontecia — e muitas vezes sequer percebia que estava fazendo aquilo até alguém chamar a minha atenção.

O mesmo acontecia quando eu falava sozinho. Grande parte do tempo, sequer percebia que o fazia. Às vezes, acho muito difícil pensar sem expressar meus pensamentos em voz alta. Sempre que me absorvo nos pensamentos, a intensidade envolvida afeta meu corpo e sinto a tensão. Até hoje não consigo evitar que minhas mãos se mexam e toquem inconscientemente nos lábios enquanto penso. Falar sozinho ajuda a fazer com que eu me acalme ou me concentre em algo.

Alguns meninos no pátio vinham ao meu encontro para me ridicularizar, imitando o movimento de minhas mãos e me xingando. Eu não gostava quando se aproximavam demais e eu conseguia sentir seu hálito na minha pele. Então eu me sentava no chão duro de concreto, tapando as orelhas com as mãos, esperando que fossem embora. Quando me sentia muito tenso, contava as potências de 2, assim: 2, 4, 8, 16, 32... 1.024, 2.048, 4.096, 8.192... 131.072, 262.144... 1.048.576. Os números formavam padrões visuais em minha mente que me tranqüilizavam. Por eu ser tão diferente, os meninos não sabiam direito como zombar de mim e logo se cansavam quando eu não reagia como eles gostariam, chorando ou fugindo. Os xingamentos prosseguiram, mas aprendi a ignorá-los, e aquilo não me incomodava demais.

Pessoas com síndrome de Asperger querem fazer amizades, mas têm dificuldade. A forte sensação de isolamento que eu sentia profundamente era muito dolorosa para mim. Para compensar a falta de amigos, criava meus próprios companheiros para me acompanharem nas andanças entre as árvores do pátio. Lembro-me claramente de um até hoje e, quando fecho os olhos, ainda consigo ver seu rosto: encarquilhado, mas bonito, ao menos para mim. Uma mulher muito alta, mais de um metro e oitenta de altura, coberta da cabeça aos dedos dos pés com um manto azul comprido. Seu rosto era muito magro e enrugado, por ser muito, muito velha — mais de cem anos. Seus olhos, como fendas estreitas e aquosas, estavam geralmente fechados como que em profunda reflexão. Eu não perguntei de onde ela veio; não me importava. Seu nome, a mulher me contou, era Anne.

Eu passava os recreios em longas e meditativas conversas com Anne. Sua voz era suave e sempre afável, gentil e tranqüilizadora. Sentia-me calmo junto dela. Sua história pessoal era complexa: estivera casada com um homem chamado John que trabalhava como ferreiro. Foram felizes juntos, mas não tiveram filhos. John morrera muito tempo atrás, e Anne vivia sozinha e estava tão grata quanto eu pela companhia. Eu me sentia muito próximo dela, porque nada do que eu dissesse ou falasse fazia com que deixasse de gostar de mim ou quisesse me deixar. Eu podia desabafar todos os meus pensamentos, que ela ficava ouvindo pacientemente, nunca me interrompendo nem me chamando de estranho ou bizarro.

Grande parte do tempo, as conversas que compartilhávamos eram filosóficas, sobre a vida e a morte e todas as coisas que aconteciam entre uma coisa e outra. Conversávamos sobre o meu amor por joaninhas e minhas torres de moedas, sobre livros, sobre números, sobre árvores altas e os gigantes e princesas de meus contos de fadas favoritos. Às vezes, eu fazia uma pergunta que Anne não respondia. Certa vez, perguntei por que eu era tão diferente das outras crianças, mas ela balançou a cabeça e disse que não podia dizer. Fiquei com medo de que a resposta fosse terrível e ela estivesse tentando me proteger, e não voltei a perguntar aquilo. Mas ela disse que eu não deveria me preocupar com os outros meninos e que tudo acabaria bem. Muito do que ela dizia era para me tranqüilizar e sempre funcionava, porque, quando a deixava, me sentia feliz e pacífico por dentro.

Um dia, ela apareceu enquanto eu caminhava como de hábito atrás das árvores, batendo com o calcanhar nas cascas grossas e rudes das árvores ao caminhar, e ela estava totalmente imóvel, de um modo que eu nunca havia visto antes. Pediu que olhasse para ela porque tinha algo importante para dizer. Tive dificuldade em olhá-la nos olhos, mas forcei minha cabeça para cima e a encarei. Sua boca estava fechada com força, o rosto mais suave e brilhante do que das outras vezes em que a vi de perto. Ela não disse nada por vários minutos e então falou bem suave e lentamente e contou-me que teria de ir e não poderia voltar. Fiquei muito contrariado e perguntei por quê, e ela respondeu que estava morrendo e viera ali para se despedir. Depois desapareceu para sempre. Chorei até não conseguir mais, e continuei sofrendo por ela durante vários dias depois. Ela era muito especial para mim, e sei que nunca a esquecerei.

Olhando para trás, Anne era a personificação de meus sentimentos de solidão e incerteza, um produto daquela parte de mim que queria enfrentar minhas limitações e começar a se libertar delas. Ao deixá-la partir, eu estava tomando a decisão dolorosa de tentar achar meu caminho no mundo maior e viver nele.

Enquanto as outras crianças saíam às ruas e parques para brincar após a escola, eu me contentava em permanecer no meu quarto, dentro de casa, sentar no chão e mergulhar nos meus pensamentos. Parte do tempo eu jogava uma forma simples de paciência de minha própria criação, com um baralho em que cada carta recebia um valor numérico: o ás era 1, valete 11, rainha 12, rei 13, enquanto os números das outras cartas determinavam seus valores. O objetivo do jogo é conservar o máximo possível de cartas do baralho. No início, o baralho é embaralhado e quatro cartas são dispostas numa pilha. Se, após a primeira carta, o valor total das cartas da pilha é, em qualquer ponto, um número primo, aquelas cartas são perdidas. É aqui que, como em várias outras formas de paciência, um elemento de sorte entra em jogo. Imagine que as quatro primeiras cartas são: 2, 7, rei (13) e 4. Esta pilha está segura até agora, já que 2 + 7 = 9, que não é primo, e 9 + 13 é 22, que não é primo, e 22 + 4 = 26, que tampouco é um número primo. O jogador agora decide se quer arriscar outra carta na pilha ou começar uma pilha nova do zero. Se o jogador decide não arriscar uma carta nova na pilha, as cartas da pilha estão seguras e são conservadas. Se o jogador acrescentar uma carta nova e o total atingir um número primo em qualquer ponto, toda a pilha de cartas é perdida e se começa uma pilha nova. O jogo termina quando todas as 52 cartas do baralho foram parar nas pilhas, algumas perdidas e outras conservadas com sucesso. O jogador conta o número total das cartas conservadas para chegar ao escore final.

Eu achava esse jogo fascinante, por envolver matemática e memória ao mesmo tempo. Uma vez que o jogador forme uma pilha de quatro cartas que ainda não totalizaram um número primo, a decisão entre continuar com aquela pilha ou começar uma nova depende de dois fatores: o valor total das cartas até aquele ponto e os valores das cartas restantes no baralho. Por exemplo, se as quatro primeiras cartas são como no exemplo anterior — 2, 7, 13 (rei) e 4 = 26 —, primeiro o jogador precisa calcular quantos primos possíveis poderiam ser "atingidos" com a próxima carta se a pilha continuar. Os próximos primos depois de 26 são 29, 31 e 37 (como a maior carta é 13, o rei, números maiores que 39 não precisam ser examinados neste exemplo). Assim, um 3, 5 ou valete (11) faria com que a pilha fosse perdida, mas qualquer outra carta permitiria aumentar o escore com segurança.

Lembrar os valores das demais cartas do baralho também ajuda o jogador. Por exemplo, se você alcançasse um total de 70 com dez cartas e restassem três no baralho, é obviamente vantajoso saber que elas são, digamos, um 3, um 6 e um 9. Nesta situação, o jogador deveria conservar as dez cartas e começar uma pilha nova, porque 73 e 79 são ambos primos. Eu lembrava os valores de todas as cartas restantes no baralho a qualquer altura do jogo da seguinte maneira: existem quatro cartas de cada tipo no baralho (quatro ases, quatro 2s etc.). Eu visualizava cada conjunto de quatro cartas como um quadrado composto de pontos. Os quadrados tinham cores ou texturas diferentes, dependendo do valor da carta; por exemplo, eu via o conjunto de quatro ases como um quadrado brilhante, porque sempre vejo o número 1 como uma luz bem brilhante. Vejo o número 6 como um ponto preto minúsculo, de modo que eu veria o conjunto de quatro 6s como um buraco negro com forma quadrada. À medida que o jogo evolui e cada carta é virada, os diferentes quadrados em minha cabeça mudavam de forma. Quando aparece o primeiro ás do baralho, o quadrado brilhante muda para um triângulo brilhante. Com o primeiro 6, o quadrado preto vira um triângulo preto. No momento em que o baralho apresenta o segundo ás, o triângulo brilhante vira uma linha brilhante, e com o terceiro ás, um ponto brilhante. Quando todas as quatro cartas de um valor são retiradas do baralho, a forma para aquele conjunto de cartas desaparecia da minha cabeça.

As cartas ajudam a ilustrar uma qualidade particular dos números primos: sua distribuição irregular. No jogo, certos valores totais para uma pilha são melhores do que outros. Por exemplo, um total de 44 é melhor do que um total de 34, porque a partir de 44 o jogador só consegue formar dois primos — 47 e 53 —, ao passo que a partir de 34 é possível formar quatro primos — 37, 41, 43 e 47, ou seja, o dobro. Um valor total de 100 para uma pilha é especialmente azarento, já que é possível atingir cinco primos com a próxima carta: 101, 103, 107, 109 e 113 (com um ás, 3, 7, 9 e rei, respectivamente).

Meus pais viviam preocupados porque eu passava tempo demais no meu quarto e não fazia o menor esforço para brincar com outras crianças na rua. Minha mãe era amiga de uma mulher que vivia algumas casas adiante e que tinha uma filha com mais ou menos minha idade. Um dia, levou-me consigo até lá e, enquanto as duas mulheres conversavam e tomavam chá, me deixou sentado conversando com a menina. Sempre que eu começava a falar sobre as coisas que me interessavam, a menina interrompia, o que me deixou bem zangado, porque não conseguia pôr as palavras da minha cabeça para fora, e a sensação era de não conseguir respirar. Aí meu rosto foi ficando vermelho, o que a fez rir. Isto me deixou ainda mais e mais vermelho, e de repente fiquei com raiva, me levantei, bati nela e ela começou a chorar. Não surpreende que eu não fosse mais convidado para ir àquela casa.

Desse modo, minha mãe encorajou meu irmão Lee a me levar junto com ele quando saía para brincar com os amigos. Seu melhor amigo era um menino chamado Eddie, que morava duas ruas adiante. Na maior parte do tempo, os dois brincavam no jardim de Eddie — ele tinha muito mais brinquedos do que nós e eles gostavam de jogar pingue-pongue ou futebol, enquanto eu me sentava no balanço e balançava ritmicamente para cima e para baixo.

No verão, Lee iria junto com a família de Eddie passar uma semana de férias no litoral. Minha mãe sugeriu que eu fosse junto, e a mãe de Eddie estava mais do que feliz com a minha ida. Eu hesitei, porque não gostei da idéia de ficar longe de casa. Mas minha mãe queria muito que eu fosse, achando que eu me sentiria mais confiante entre as pessoas. Depois de muita persuasão branda mas persistente, concordei em ir.

Uma vez que chegamos, parecia que tudo correria bem. Fazia tempo quente e bonito, e a família de Eddie foi muito gentil e atenciosa comigo.

Mas após apenas um dia longe, senti uma saudade esmagadora de casa e quis falar com minha mãe. Havia um telefone público perto de onde estávamos, de modo que peguei as moedas que tinha no bolso e liguei para casa. Minha mãe atendeu e ouviu meu choro no fone. Perguntou o que estava errado, mas eu só consegui responder que não me sentia bem ali e queria voltar para casa. Após alguns minutos, as moedas acabaram e pedi que ela ligasse de volta, depois pus o fone no gancho e esperei. Eu não percebi que ela não poderia saber o número do telefone, a não ser que eu tivesse dito para ela. Eu simplesmente pressupus que ela saberia. Esperei e esperei e esperei diante do aparelho por mais de uma hora até enfim sair andando. O resto da estadia decorreu anuviado pelas lágrimas. A mãe de Eddie estava frustrada e aborrecida porque, em vez de me juntar a eles, eu passava a maior parte do tempo sozinho no quarto onde a família dormia, sentado no chão, mãos sobre os ouvidos. Foram minhas primeiras e últimas férias com Eddie e sua família.

Durante grande parte de minha infância, meus irmãos e irmãs foram meus amigos. Mesmo conseguindo jogar e agarrar melhor do que eu, e fazendo amigos na escola bem antes de mim, eles me amavam por eu ser o irmão maior e ler histórias para eles. Eles aprenderam, com o tempo, a me envolver, fazendo coisas comigo que sabiam que eu apreciaria e das quais eu poderia participar. Depois de observar minha mãe passando roupas a ferro, apanhei todas as roupas nas gavetas e prateleiras do meu quarto, levando-as para a sala de estar no andar de baixo. Minha mãe concordou em me dar o ferro depois de desligado e esfriado, e aí apanhei cada peça de roupa e passei o ferro. Meus irmãos e irmãs, que estavam observando, perguntaram se podiam brincar comigo. Eu havia visto minha mãe borrifando água em algumas roupas antes de passar a ferro, e pedi à minha irmã Claire que pegasse o borrifador, o usasse para cada item de roupa e depois passasse o item para mim. Meu irmão Lee quis entrar na brincadeira também, e eu disse para ficar do outro lado, pegar as roupas depois que eu tivesse passado a ferro e dobrar. Eu disse ao meu irmão Steven, com 4 anos na época, que depois arrumasse as roupas em pilhas: uma de camisetas, outra de macacões, outra de calças, e assim por diante. Depois que acabaram as roupas, Steven foi instruído a desdobrar tudo e devolver a Claire, que voltaria a borrifar os itens antes de me entregar para eu passá-los de novo a ferro, e eu os daria de volta a Steven para rearrumar em pilhas, e assim sucessivamente. Costumávamos brincar horas seguidas.

Outra brincadeira entre mim e meus irmãos e irmãs envolvia eu coletar cada livro que conseguisse encontrar pela casa — centenas deles — e colocá-los no quarto maior, que era o das meninas. Ali eu examinava cada livro, dividindo-os em pilhas de ficção e não-ficção, depois subdividindo as pilhas por tema: história, romance, trivialidades, aventura... Aí eu ordenava cada uma das pilhas de livros em ordem alfabética. Recortava folhas de papel em quadradinhos e escrevia fichas para cada livro, especificando o título do livro, nome do autor, ano de publicação e categoria (não-ficção > história > D). Eu colocava os livros em caixas, com todos os livros na ordem correta, posicionando-as ao redor do quarto para meus irmãos e irmãs folhearem e lerem. Sempre que um deles quisesse levar um livro para fora do quarto, eu pegava a ficha e colocava num pote, dando-lhes um outro papelzinho com uma data de devolução do livro. Durante as férias de verão, meus pais deixavam que mantivéssemos os livros nas caixas com suas fichas, embora em outras épocas tivéssemos de remover todas as fichas ao final da brincadeira e ajudar a colocar os livros de volta nas diferentes estantes e mesas pela casa.

Às vezes, ao brincar com meus irmãos e irmãs, eu me aproximava deles e tocava em seus pescoços com o dedo indicador, porque gostava da sensação morna e reconfortante. Eu não tinha a menor noção de que aquilo era desagradável ou socialmente inadequado, e só parei depois que minha mãe me chamou a atenção, embora ocasionalmente voltasse a tocar alguém no pescoço se ficasse muito empolgado e a sensação do toque permitisse que eu comunicasse aquela empolgação àqueles à minha volta. Achava difícil entender o conceito de que as pessoas tinham seu próprio espaço pessoal que não devia ser invadido e que precisava ser respeitado o tempo todo. Não tinha nenhuma idéia de que minha conduta podia ser irritante e intrusiva, e me sentia magoado quando um irmão ou irmã se zangava comigo sem motivo aparente para mim.

Eu considerava muitas coisas difíceis, como escovar os dentes. O rangido dos dentes sendo escovados era fisicamente doloroso, e depois de passar pelo banheiro tinha de tapar os ouvidos com as mãos e esperar o barulho passar antes de conseguir fazer qualquer outra coisa. Devido a essa sensibilidade extremada, eu só escovava os dentes por curtos períodos e em geral só com a intervenção dos meus pais. Tive muita sorte por raramente sentir dor de dente, provavelmente porque bebia uma grande quantidade de leite e não comia muitos doces. O problema persistiu por vários anos e levou a discussões freqüentes com meus pais, que não conseguiam entender por que eu não escovava os dentes sem que eles me obrigassem. Muitas vezes, traziam a pasta e a escova de dentes ao meu quarto, e só saíam de lá depois que eu as tivesse utilizado. Somente no início da puberdade percebi que teria de encontrar uma forma de escovar os dentes regularmente. Em particular, meus irmãos, irmãs e colegas de escola vinham percebendo que meus dentes estavam manchados e zombavam de mim por isso, o que me deixou cada vez mais relutante até em abrir a boca para falar, por causa dos insultos que se seguiam. Acabei tentando pôr algodão nos ouvidos para não ouvir o ruído ao escovar os dentes. Ao mesmo tempo, eu também assistia à televisão pequena que tinha no meu quarto, para desviar a mente do fato de estar usando a escova de dentes; de outro modo tinha ânsia de vômito. Somados, esses pequenos esforços me ajudavam a escovar os dentes diariamente. Na minha primeira visita ao dentista em muitos anos, tapei os ouvidos com algodão para ajudar a bloquear os sons da broca e outros instrumentos. Atualmente consigo escovar os dentes duas vezes por dia sem dificuldade. Uso uma escova elétrica, que não produz o rangido doloroso da escova manual.

Aprender a amarrar o sapato foi outra novela. Por mais que eu tentasse, minhas mãos não conseguiam reproduzir as manobras demonstradas inúmeras vezes pelos meus pais. Minha mãe acabou comprando um brinquedo — uma grande bota de plástico com cordões grossos e ásperos — para eu treinar. Eu passava horas treinando, geralmente até minhas mãos ficarem vermelhas e irritadas devido ao contato prolongado com os cordões da bota. Enquanto isso, meu pai amarrava os sapatos para mim todas as manhãs antes de me levar à escola. Só aos 8 anos enfim dominei meus cadarços de sapato.

Havia também o problema de distinguir o sapato esquerdo do direito (algo em que tenho de me concentrar até hoje para lembrar). Além de amarrar os sapatos para mim até os 8 anos, meu pai também tinha de colocar o sapato no meu pé primeiro. Às vezes, eu me frustrava ao tentar pôr os sapatos sozinho e os arremessava em meio a um ataque de raiva. Meus pais tiveram a idéia de colocar etiquetas — marcadas "E" e "D" — em cada sapato. Aquilo funcionou, e finalmente consegui colocar os sapatos sozinho e me orientar bem melhor do que antes.

Ao andar, mesmo na rua, eu sempre mantinha a cabeça firmemente abaixada e observava o movimento dos pés. Muitas vezes trombava nas coisas e parava de repente de andar. Minha mãe me acompanhava e tentava me lembrar de levantar a cabeça, mas, mesmo assim, eu logo voltava a abaixá-la. Ela acabou sugerindo que eu escolhesse um ponto — uma cerca, árvore ou prédio — à distância e mantivesse o olho fixo nele enquanto caminhava. Esta idéia simples me ajudou a manter a cabeça erguida, e nos meses seguintes minha coordenação melhorou muito; parei de colidir nas coisas e minha confiança aumentou.

No Natal pouco antes do meu nono aniversário, ganhei de presente uma bicicleta, assim como meu irmão Lee. Meus pais puseram rodinhas laterais nos dois veículos, embora as de meu irmão fossem logo retiradas, enquanto as minhas permaneceram por vários meses, apesar de Lee ser mais de dois anos mais novo do que eu. Eu tinha pouco equilíbrio e coordenação, e achei difícil dirigir e pedalar ao mesmo tempo. Treinei sentado numa cadeira da cozinha, segurando na minha frente uma colher de pau comprida enquanto tentava mover os pés em círculos em relação aos pés da cadeira. Depois de treinar bastante, consegui andar de bicicleta com meu irmão pelas ruas perto de casa. Ele apostava corrida comigo, disparando na frente e me fazendo entrar em pânico e perder o equilíbrio. Cair da bicicleta foi algo a que logo me habituei, junto com os arranhões e contusões nas mãos e pernas.

Minha falta de coordenação também fez do aprendizado da natação um processo lento e frustrante. Fui a última criança de minha turma a saber nadar, ainda que apenas na largura da piscina. Tinha medo da água, de ser puxado para o fundo e não conseguir voltar à tona. Os professores de natação sentiam pena e me davam bóias de braço e cubos de espuma para me ajudar a flutuar com segurança, mas minha dificuldade só reforçava a sensação de que eu era diferente dos meus colegas, todos capazes de nadar aparentemente sem esforço anos antes que eu conseguisse dar as primeiras braçadas. Somente ao me aproximar da puberdade por fim subitamente perdi o medo de estar na água e descobri que conseguia flutuar e me mover sozinho, sem as bóias de braço. A sensação de euforia foi imensa e parecia que eu tinha dado um enorme passo à frente. Meu corpo finalmente começava a fazer as coisas que eu queria.

Foi no meu último ano de escola primária que a turma ganhou um aluno novo, um menino iraniano chamado Babak cujos pais fugiram do regime de Khomeini. Babak era inteligente, falava um inglês fluente e era ótimo em matemática. Nele enfim encontrei o primeiro amigo verdadeiro. Foi a primeira pessoa que fez qualquer esforço real para ignorar as coisas que me tornavam diferente e se concentrar no que tínhamos em comum: nosso amor por palavras e números em particular. Sua família sempre foi muito gentil comigo — lembro de sua mãe me servindo xícaras de chá enquanto nos sentávamos no jardim jogando palavras cruzadas.

Babak era autoconfiante e se dava com todo mundo na turma. Não foi nenhuma surpresa ele ser escolhido para representar o papel principal na ambiciosa produção da escola de *Sweeney Todd*, uma história macabra de um barbeiro assassino cujas vítimas são transformadas em tortas de carne. Babak compareceu aos ensaios diariamente por várias semanas e me convidou para assistir. Eu ficava sentado sobre a caixa do figurino em um canto, fora de vista, e lia o diálogo à medida que ia sendo falado. Compareci a todos os ensaios com ele. Aí, no dia da produção, Babak não apareceu para o ensaio final; estava doente, incapaz de sair de casa. Os professores começaram a entrar em pânico e perguntaram se outro menino poderia representar seu papel. Percebi que, com meu comparecimento consecutivo aos ensaios, eu aprendera cada palavra da história e, nervoso, concordei em participar. Chegou a noite do espetáculo, e recitei todas as frases do personagem na ordem correta, mas ocasionalmente na hora errada, porque achava difícil escutar as outras pessoas no palco e não conseguia discernir facilmente quais falas eram para o público e quais eram do diálogo entre os diferentes atores. Meus pais, assistindo na platéia, mais tarde comentaram que não mostrei muita emoção e fiquei olhando para o chão, mas ao menos participei até o final, um sucesso suficiente para eles e para mim.

6
Adolescência

Contei os sete segundos que meu pai levou para cambalear e desabar no chão da sala de estar, caindo em sua própria sombra. O som de sua respiração deitado de costas era áspero e lúgubre, e seus olhos, olhando para dentro dos meus acima dele, estavam redondos e fixos e injetados.

A doença de meu pai havia sido anunciada nas mudanças graduais de seu comportamento após o nascimento de minhas irmãs gêmeas. Ele parara de trabalhar no jardim e se recusava a ver os velhos amigos. Oscilava entre períodos longos de loquacidade e outros de silêncio quase completo. Fisicamente, pareceu envelhecer dez anos no espaço de poucos meses: perdeu peso e ficou bem magro, movendo-se cada vez mais devagar e hesitante pela casa. Até as linhas e rugas do rosto tornaram-se mais profundas.

Eu tinha 10 anos quando me tornei uma testemunha acidental do primeiro colapso mental de meu pai. Nos meses que culminaram naquilo, minha mãe fizera todo o possível para nos proteger das visões e sons de seu declínio irregular. Naquele dia, porém, eu entrara despercebido na sala de estar e encontrei-o cambaleando pelo aposento, olhos arregalados e protuberantes, murmurando palavras ininteligíveis para si. Limitei-me a observá-lo em silêncio, sem saber como me sentir, mas ao mesmo tempo não querendo deixá-lo sozinho. O barulho da queda do meu pai trouxe minha mãe rapidamente para dentro, e ela delicadamente me afastou dali, mandando-me para meu quarto no andar de cima. Explicou que ele estava doente e que ela ia esperar o médico. Dez minutos depois, uma ambulância chegou com as sirenes desligadas. Observei do alto da escada meu pai ser colocado numa maca, coberto com um lençol e removido pelos paramédicos.

No dia seguinte, a casa estava mais silenciosa e parecia mais fria também. Lembro de mim sentado no quarto tentando refletir sobre meus sentimentos por meu pai, porque sabia que deveria estar sentindo algo, mas não sabia o quê. No final, percebi que a casa estava incompleta sem ele e eu queria a sua volta.

Fomos informados de que meu pai precisava de tempo para repousar e havia sido levado a um hospital onde poderia melhorar. Permaneceu longe de casa por várias semanas, período em que nós, os filhos, não tivemos permissão de vê-lo, embora minha mãe fosse de ônibus visitá-lo. Aquele era um hospital psiquiátrico de internamento prolongado, mas naquela época éramos novos demais para saber o que era doença mental. Minha mãe não discutiu o distúrbio de meu pai com nenhum de nós, dizendo apenas que ele estava melhorando e logo voltaria para casa. Enquanto isso, com sete filhos (cinco deles com 4 anos ou menos) para cuidar, minha mãe dependeu fortemente do apoio dos pais dela e de amigos da família, e da ajuda de assistentes sociais. Meu irmão e eu também deveríamos ajudar o máximo possível, lavando e secando as louças e carregando as compras.

Quando meu pai retornou para casa, não houve comemoração. Pelo contrário, houve uma tentativa de algum tipo de retorno à normalidade, meu pai tentando realizar as tarefas do dia-a-dia — trocar fraldas e cozinhar o jantar — que haviam constituído o núcleo de sua rotina diária antes que a doença atacasse. Mas a situação era diferente, e acho que eu sabia mesmo então que nunca mais seria a mesma. O homem que antes me protegera e cuidara de mim com toda a sua força e energia tinha ido embora, substituído por alguém necessitando ele próprio de proteção e cuidados. Os médicos do hospital prescreveram medicamentos e aconselharam repouso regular, e todo dia após o almoço ele subia até o quarto e dormia por várias horas. Minha mãe pedia que meus irmãos e irmãs brincassem silenciosamente, tão silenciosamente quanto eu, para não perturbar o repouso do meu pai. Sempre que um ou os dois bebês começavam a chorar, minha mãe corria para levá-los ao jardim para só então cuidar deles.

O relacionamento entre meus pais também mudou. Minha mãe, que antes dependera fortemente do meu pai em termos práticos e emocionais, agora teve de reimaginar a vida que tinham em comum e, em certo sentido, começar de novo. Suas conversas tornaram-se breves e a cooperação entre eles, que haviam antes aperfeiçoado, pareceu se perder. Foi como se tivessem de reaprender seu relacionamento novamente. Eles discutiam com freqüência cada vez maior, suas vozes tornando-se altas e assustadoras, e eu não gostava de ouvi-los discutindo, tapando os ouvidos com as mãos. Muitas vezes, após uma discussão particularmente alta, minha mãe subia e se sentava comigo na quietude de meu quarto. Minha vontade era enrolar o silêncio suave ao redor dela como um lençol.

O estado de saúde do meu pai flutuava de um dia para o outro e de uma semana para a outra. Durante longos períodos de tempo, ele conseguia conversar e se comportar como antes, mas essa calmaria acabava sendo interrompida por surtos súbitos de fala desconexa e repetitiva, de confusão e isolamento da família. Ele foi hospitalizado em várias outras ocasiões nos anos seguintes, sempre por longos períodos. Até que, tão subitamente como a doença surgira, meu pai pareceu se recuperar: começou a comer e dormir bem melhor, fortaleceu-se física e emocionalmente e recobrou a confiança e iniciativa. O relacionamento entre meus pais melhorou e seguiu-se o nascimento de um oitavo filho, minha irmã Anna-Marie, no verão de 1990. Dezessete meses depois veio a última filha dos meus pais, Shelley, nascida quatro dias antes do meu décimo terceiro aniversário.

A melhoria da condição de meu pai e o crescimento constante da família levou a outra mudança de endereço, em 1991, para uma casa de quatro quartos na Marston Avenue. A casa, com terraço e um jardim grande atrás, situava-se perto de lojas e um parque. Como todas as casas anteriores, possuía um só banheiro para a família inteira, que era então constituída por 11 pessoas. Era freqüente ver filas diante da porta do banheiro. As salas de estar e jantar eram separadas por um conjunto de portas, que costumavam ficar abertas para que os cômodos se comunicassem. Sempre que surgia na minha cabeça algum pensamento ou idéia, eu percorria os aposentos: sala de estar, sala de jantar, depois a cozinha e, pelo corredor, de volta à sala de estar, num circuito contínuo, rodando e rodando, cabeça baixa e braços imóveis dos lados, absorto nos pensamentos e ignorando totalmente qualquer um à minha volta.

Comecei a escola secundária* em setembro de 1990. Naquele verão, minha mãe levou-me ao centro da cidade para comprar meu primeiro uniforme escolar: um paletó e calças pretas, camisa branca e gravata com listras pretas e vermelhas. Meu pai tentou me ensinar a amarrar a gravata, mas após várias tentativas eu continuava incapaz de fazê-lo sozinho. Ele então sugeriu que eu simplesmente afrouxasse e usasse o mesmo nó durante toda a semana. Eu me agitei muito enquanto provava o uniforme: o paletó, de um tecido grosso, pesava e os sapatos de couro preto novos eram apertados e comprimiam meus dedões. Eu também precisei de uma mochila para levar os diferentes livros à escola e de uma série de materiais escolares: canetas, lápis, bloco, apontador, borracha, compasso, régua, transferidor e caderno de desenho.

A escola chamava-se Barking Abbey (perto da igreja de St. Margaret onde o capitão James Cook casou-se em 1762). Meu primeiro dia ali começou com meu pai ajudando a dar o nó em minha gravata e fechar os botões do punho da camisa. Fomos de ônibus até os portões da escola, onde ele me disse que fosse corajoso, que o primeiro dia em uma nova escola é sempre um grande desafio e que eu deveria tentar gostar de lá. Observei-o indo embora, até desaparecer de vista. Aí, hesitante, segui as outras crianças sendo conduzidas até o salão de ginástica próximo onde o diretor se dirigiria aos alunos novos. O salão tinha espaço suficiente para todas as crianças sentarem no chão, com vários professores encostados nas paredes. O chão estava poeirento quando me sentei, bem lá atrás, no exato momento em que o diretor — Sr. Maxwell — pedia silêncio e começava a falar. Achei difícil me concentrar e escutar o que ele dizia, de modo que olhei para o chão, esfreguei as pontas dos dedos na poeira fina e esperei a reunião terminar. Ficamos sabendo os números de nossas turmas e o nome de nosso professor conselheiro de classe, e mandaram que nos dirigíssemos em silêncio às nossas salas de aula. Fiquei empolgado ao descobrir que minha sala ficava ao lado da biblioteca da escola.

(*) Na Inglaterra, o ensino compulsório vai dos 5 aos 16 anos de idade, durando portanto 11 anos: são 6 anos de *primary school*, escola primária, e 5 anos de *secondary school*, escola secundária. (N. do T.)

Após a chamada, recebemos um cronograma das aulas da semana. Cada matéria era ensinada por um professor diferente, em salas de aula diferentes, em diferentes partes da escola. Passar de um tempo para o outro, de uma matéria para a outra, de uma sala para a outra e de um professor para o outro foi algo de difícil adaptação na transição da escola primária para a secundária.

Havia poucos rostos familiares da escola antiga, a Dorothy Barley, na minha turma. Babak, meu único amigo no ensino primário, havia ido para outra escola em uma parte diferente da cidade. Senti-me extremamente nervoso e não conversei com ninguém da turma nova, nem mesmo para me apresentar. Em vez disso, ficava olhando para o relógio, querendo que os ponteiros girassem cada vez mais depressa para o dia terminar logo. Quando a campainha estridente soou, as crianças se amontoaram no pátio do recreio. Fiquei para trás, esperando que as outras crianças saíssem, temendo empurrões e tropeções naquele tumulto. Caminhei até a biblioteca ao lado, apanhei uma enciclopédia nas estantes de livros de consulta e me sentei numa mesa sozinho para ler. Controlei o tempo pelo relógio de parede da biblioteca, pois não queria me atrasar na volta à aula. O pensamento de entrar na sala e ver as crianças já sentadas, todas olhando para mim, me aterrorizava. Ao soar a campainha do almoço, repeti o pequeno percurso até a biblioteca e fiquei lendo na mesma mesa.

Na escola primária, eu tinha meus almoços preparados e embalados na noite anterior por minha mãe. Porém agora meus pais preferiam que eu me alimentasse com a comida servida na escola, porque, vindo de uma família de baixa renda, eu tinha direito a cupons de refeições. Após meia hora lendo, dirigi-me à entrada do refeitório. As filas haviam se dissipado e consegui levar uma bandeja até o balcão sozinho e escolher a comida que queria. Apontei para os *nuggets* de peixe, batatas fritas e feijões. Faminto, coloquei um *donut* da seção de sobremesa na bandeja. Caminhei até a caixa e entreguei meu cupom à mulher enquanto ela apertava várias teclas. O cupom não dava para o *donut* e ela informou que eu teria de pagá-lo por fora. Eu não esperava que aquilo acontecesse, senti-me enrubescer e fiquei muito ansioso, como se fosse irromper em lágrimas a qualquer momento. Notando o meu nervosismo, a mulher disse que eu não precisava me preocupar, já que aquele era o primeiro dia na escola, e deixou-me ficar com o *donut*. Achei uma mesa desocupada e sentei. O salão estava um tanto vazio, mas comi o mais rápido possível, antes que alguém aparecesse e sentasse à mesa comigo, e depois saí.

Na saída, esperei até que o amontoado de crianças se espalhasse pelas ruas, antes de me dirigir ao ponto de ônibus que reconheci, o mesmo onde eu saltara de manhã. Sendo aquela a primeira vez que precisei usar o transporte público sozinho, não percebi que teria de pegar o ônibus na direção contrária para me levar até em casa. Quando o ônibus chegou, subi e disse meu destino, algo que havia ensaiado repetidas vezes na minha mente. O motorista respondeu algo, mas não escutei direito e automaticamente entreguei o dinheiro da passagem. Ele repetiu o que havia dito, mas não consegui processar as palavras na cabeça, porque estava me concentrando em não me apavorar por estar sozinho a bordo do ônibus. Permaneci ali até o motorista suspirar alto e aceitar o dinheiro. Peguei a passagem e sentei-me no lugar vazio mais próximo. Quando o ônibus andou, esperei que desse meia-volta a qualquer momento e pegasse a direção de casa, mas isso não aconteceu e fui sendo levado cada vez mais longe de meu destino. Fiquei ansioso e corri até a porta, esperando impaciente que o ônibus parasse e as portas abrissem. Percebendo meu erro, saltei e atravessei a rua até outra parada de ônibus. Desta vez, quando o ônibus chegou e eu informei ao motorista o nome de meu destino, ele nada disse além do preço da passagem, que eu já sabia. Fiquei aliviado por estar no ônibus certo — ainda mais quando vi da janela do ônibus, vinte minutos depois, minha rua e soube que havia enfim chegado são e salvo em casa.

O tempo e a experiência me ensinaram a ir à escola e voltar sozinho de ônibus. A distância era pequena entre minha casa na Marston Avenue e o ponto de ônibus e, como eu sabia de cor todos os horários do ônibus, nunca chegava atrasado, exceto, é claro, quando o próprio ônibus se atrasava. Cada dia de aula começava com a chamada na sala de aula, seguida das aulas programadas para aquele dia em diferentes salas e prédios nas dependências da escola. Infelizmente, como não tenho nenhum instinto natural de orientação, era fácil me perder, mesmo em áreas onde eu tivesse vivido muitos anos, exceto os trajetos especialmente aprendidos por pura repetição. A solução para mim era seguir os colegas até as salas.

A matemática era naturalmente uma das minhas matérias favoritas na escola. No primeiro dia de aula, os alunos se submetiam a um teste da matéria, recebendo uma nota segundo suas habilidades e sendo classificados no grupo um (o mais avançado), dois, três ou quatro. Fiquei no grupo um. Desde minha primeira experiência em classe, notei que as lições avançavam bem mais rápido do que na escola primária. Todos na turma pareciam envolvidos e interessados, e uma ampla variedade de assuntos era ensinada. Meus favoritos: seqüências numéricas como a de Fibonacci (1, 1, 2, 3, 5, 8, 13, 21, 34, 55...) onde cada termo novo da série deriva da soma dos dois precedentes, manipulação de dados (por exemplo, calcular a média e mediana de um conjunto de números) e problemas de probabilidade.

Probabilidade é algo que muitas pessoas acham antiintuitivo. Por exemplo, a resposta ao problema "Uma mãe tem dois filhos, um dos quais é menina. Qual a probabilidade de que o outro também seja menina?" não é 1 em 2, mas 1 em 3. Isto porque, sabendo-se que a mãe já tem uma filha mulher e, portanto, não pode ter dois filhos homens, as possibilidades restantes são: HM (homem e mulher), MH (mulher e homem) e MM (mulher e mulher).

O "Problema das Três Cartas" é outro exemplo de uma questão de probabilidade produzindo uma solução aparentemente antiintuitiva. Imagine que existem três cartas: uma vermelha dos dois lados, outra branca dos dois lados e a terceira vermelha de um lado e branca do outro. Uma pessoa põe as cartas numa sacola, mistura aleatoriamente e pega uma delas, colocando-a deitada sobre a mesa. Vê-se um lado vermelho. Qual a probabilidade de que o outro lado também seja vermelho? Segundo algumas versões do problema, como só existem duas cartas com lados vermelhos — uma vermelha dos dois lados e a outra branca do outro lado — as chances pareceriam ser de 1 em 2; ou seja, as chances de que o outro lado da carta seja vermelho ou branco seriam as mesmas. Todavia, as probabilidades reais de que o outro lado da carta também seja vermelho são de 2 em 3. Para visualizar isto, imagine que você escreve a letra *A* num lado da carta com dois lados vermelhos e *B* do outro lado. Na carta com um lado vermelho e outro branco, você escreve a letra *C* do lado vermelho. Agora considere a situação em que tira uma carta mostrando um lado vermelho. As possibilidades são de que seja o lado vermelho *A*, *B* ou *C*. Se for *A*, o outro lado é *B* (vermelho), se for *B*, o outro lado é *A* (vermelho) e se for *C*, o outro lado é branco. Portanto, as chances de que o outro lado da carta seja vermelho são de 2 em 3.

Outra matéria favorita na escola secundária era história. Desde pequeno eu adorava aprender listas de informações, e minha aula de história estava cheia delas: listas de nomes e datas de monarcas, presidentes e primeiros-ministros me interessavam em especial. Prefiro de longe a não-ficção à ficção, e ler e estudar os vários fatos e figuras diferentes dos eventos-chave da história me dava imenso prazer. Eu também tinha de analisar textos e tentar entender as relações entre diferentes idéias e situações históricas. Fascinava-me a noção de que um evento individual aparentemente isolado pudesse levar a uma sucessão de outros eventos, como uma fileira de dominós. A complexidade da história me fascinava.

Desde os 11 anos, comecei a criar meu próprio mundo de figuras históricas, como presidentes e primeiros-ministros, e imaginei biografias completas e intricadas para cada uma. Os diferentes nomes, datas e eventos simplesmente vinham à minha cabeça, e eu passava um monte de tempo matutando sobre os fatos e estatísticas fictícios de cada. Alguns são influenciados por meu conhecimento de pessoas e eventos históricos reais, enquanto outros são bem diferentes. Continuo até hoje refletindo sobre minhas próprias cronologias históricas e acrescentando novos indivíduos e eventos com o passar do tempo. Segue um exemplo de uma de minhas figuras históricas criadas:

Howard Sandum (1888-1967)
Trigésimo segundo presidente dos Estados Unidos da América

Sandum nasceu numa família paupérrima do Meio-Oeste americano e combateu na Primeira Guerra Mundial antes de ser eleito, pelo Partido Republicano, para a Câmara dos Representantes em 1921 e para o Senado três anos depois, com apenas 36 anos. Tornou-se governador em 1930 e foi eleito presidente dos Estados Unidos em novembro de 1938, derrotando o candidato à reeleição do Partido Democrata, de 64 anos, Evan Kramer. Sandum serviu como presidente durante a guerra, declarando guerra à Alemanha nazista e ao Japão em dezembro de 1941. Derrotado pelo democrata William Griffin (nascido em 1890) em novembro de 1944 (as eleições presidenciais ocorrendo a cada seis anos), afastou-se da política nacional. Aposentado, Sandum escreveu suas memórias, publicadas em 1963. O filho único de Sandum, Charles (1920-2000), seguiu a carreira política do pai, servindo como congressista de 1966 a 1986.

Havia matérias na escola que eu odiava e que eram uma luta. Marcenaria, por exemplo, que eu achava maçante e à qual não conseguia me dedicar. Meus colegas de turma adoravam cortar, lixar e construir com diferentes pedaços de madeira, mas eu achava difícil seguir as instruções do professor e os colegas costumavam me deixar para trás. Às vezes, o professor se impacientava comigo e vinha me ajudar. Achava que eu estava sendo preguiçoso, mas a verdade era que eu me sentia num ambiente totalmente estranho e não queria estar ali.

O mesmo acontecia com a educação física. Eu apreciava atividades que não exigissem interação com os outros: salto do trampolim e salto em altura eram atividades de que eu realmente gostava e que aguardava ansiosamente. Infelizmente, a maioria das aulas decorria na quadra com jogos como rúgbi e futebol, que envolviam muito trabalho de equipe. Eu sempre temia o momento em que os capitães eram designados, que então escolhiam seus companheiros de time um por um, até sobrar uma só pessoa — aquela pessoa quase sempre era eu. Não que eu não conseguisse correr depressa ou chutar a bola em linha reta. Eu simplesmente não conseguia interagir com os outros jogadores do time, não sabendo quando me mover e quando passar a bola e quando deixar outra pessoa pegá-la. Durante uma partida, graças ao intenso barulho à minha volta, eu desligava sem perceber, ignorando o que estava acontecendo até que um dos jogadores ou o técnico viesse me dizer para "prestar atenção" ou "participar mais".

Mesmo ao ficar mais velho, continuei achando difícil relacionar-me com os colegas de turma e fazer amigos. Nos primeiros meses após começar a escola secundária, tive a sorte de conhecer Rehan, um britânico de origem asiática cuja família se mudara da Índia para o Reino Unido cinqüenta anos antes. Rehan era alto e magro, com cabelos pretos abundantes que penteava freqüentemente com uma escova que guardava na mochila. Os demais alunos da escola caçoavam dele devido ao aspecto incomum: dois dentes da frente faltando e uma cicatriz no lábio superior devido a um acidente na infância. Talvez por ser também tímido e nervoso e — como Babak — um forasteiro, viramos amigos e passávamos muito tempo juntos. Rehan era a pessoa ao lado da qual eu me sentava na aula e com quem percorria os corredores da escola, falando sobre coisas que me interessavam, enquanto as outras crianças brincavam na quadra ou no pátio durante o recreio. Às vezes, Rehan recitava poemas para mim; ele lia muita poesia, escrevia seus próprios poemas e tinha grande interesse pelas palavras e linguagem. Algo mais que tínhamos em comum.

Rehan adorava Londres e percorria regularmente a cidade de metrô, freqüentando as partes históricas onde poetas famosos outrora viveram e trabalharam e visitando a sua mesquita em Wimbledon para as orações da sexta-feira. Ficou surpreso ao descobrir que, embora eu vivesse em Londres a vida inteira, mal conhecia a cidade, exceto as ruas ao redor da casa de minha família. Assim, nos fins de semana, Rehan ocasionalmente me levava consigo em suas andanças pelo metrô para ver atrações como a Torre de Londres, o Big Ben e o Palácio de Buckingham. Comprava o bilhete para mim e descíamos juntos à plataforma, onde aguardávamos o trem. Sombria e úmida, lembro que certa vez olhei para meus pés e observei um fósforo queimado e um maço de cigarros amassado com os dizeres: "Cuidado. Fumar pode prejudicar seriamente a sua saúde."

Sentados juntos no trem, Rehan me mostrava o mapa das diferentes linhas e estações do metrô: a Circle Line em amarelo, a Victoria Line em azul, a District Line em verde. O trem sacudia muito durante o percurso, como se estivesse espirrando o tempo todo. Não gostei do centro de Londres, cheio de gente e barulho e diferentes cheiros e visões e sons. Tinha dificuldade em organizar mentalmente o excesso de informações, e minha cabeça doía. O bom era que Rehan me levava para locais tranqüilos, longe da multidão de turistas e visitantes: museus, bibliotecas e galerias. Eu gostava muito de Rehan e me sentia seguro com ele.

No decorrer do curso secundário, Rehan vivia doente, faltando cada vez mais às aulas. Gradualmente tive de aprender a lidar com sua ausência na escola, o que não era fácil, e me tornei vulnerável aos colegas, que debochavam de mim por não ter amigos. Quando a biblioteca da escola estava fechada, eu passava os recreios percorrendo os corredores sozinho, até a campainha anunciar a aula seguinte. Temia as atividades em grupo na sala de aula, embora antes trabalhasse contente com Rehan. O professor tinha de pedir em voz alta: "Alguém pode fazer o favor de se juntar ao Daniel?" Mas ninguém se candidatava, e eu muitas vezes tinha de trabalhar só, o que não era nada mal.

Meu pai me ensinou a jogar xadrez aos 13 anos. Um dia, mostrou-me o tabuleiro e as peças que usava ao jogar com os amigos e perguntou se eu queria aprender. Fiz que sim com a cabeça, e ele demonstrou os movimentos de cada peça e explicou as regras básicas do jogo. Autodidata, meu pai jogava apenas ocasionalmente para passar o tempo. Mesmo assim, surpreendeu-se quando o derrotei em nossa primeira partida. "Sorte de principiante", ele disse, e pôs as peças de volta nas posições iniciais para outra partida. De novo, venci. Naquele ponto, ocorreu ao meu pai que eu poderia me beneficiar jogando socialmente num clube de xadrez. Conhecia um por perto e prometeu levar-me para jogar ali na semana seguinte.

Existem muitos problemas matemáticos envolvendo o xadrez. O mais famoso e meu favorito é conhecido como o "Passeio do cavalo", que é uma seqüência de movimentos do cavalo do xadrez (que se move em *L*: duas casas no sentido vertical e uma no horizontal, ou uma casa no sentido vertical e duas no horizontal) onde cada casa do tabuleiro é visitada exatamente uma vez. Muitos matemáticos famosos estudaram este problema através dos séculos. Uma solução simples emprega a "Regra de Warnsdorff", segundo a qual a cada etapa o cavalo deve se mover para a casa de menor grau (o grau de uma casa é o número de casas para as quais o cavalo pode se mover a partir dali). Eis um exemplo de um "Passeio do cavalo" completado com sucesso:

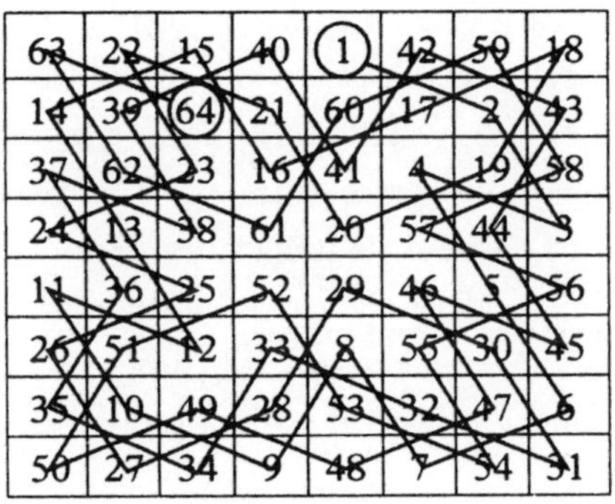

O clube onde eu jogava ficava a vinte minutos a pé de minha casa. Meu pai me levava semanalmente e me apanhava algum tempo depois. Os membros se reuniam em um pequeno salão ao lado de uma biblioteca, e o clube era dirigido por um homem baixo chamado Brian, de rosto enrugado como uma ameixa. Dentro do salão havia conjuntos de mesas e cadeiras, e homens idosos inclinados sobre tabuleiros de xadrez. Fazia silêncio enquanto as partidas eram disputadas, exceto o ruído do movimento das peças, do tique-taque dos relógios, das batidas dos sapatos e do zunir das lâmpadas fluorescentes. Meu pai apresentou-me a Brian, dizendo que eu era um principiante muito tímido, mas doido para aprender, e que eu gostava de jogar xadrez. Perguntaram se eu sabia arrumar o tabuleiro no início do jogo. Fiz que sim com a cabeça, e pediram para eu sentar numa mesa vazia com um tabuleiro e uma caixa de peças, pegar cada peça e colocar na posição inicial correta no tabuleiro. Depois que terminei, Brian chamou um homem idoso, com óculos de lentes grossas, para sentar à minha frente e disputar uma partida comigo. Brian e meu pai ficaram observando de pé atrás de nós, enquanto eu movia nervosamente cada peça até que, meia hora depois, meu oponente derrubou seu rei e levantou. Eu não sabia o que aquilo significava, até que Brian veio ao meu encontro e simplesmente disse: "Parabéns. Você venceu."

Eu gostava de ir ao clube todas as semanas para jogar. Não era barulhento e eu não precisava conversar ou interagir muito com os outros jogadores. Quando não estava jogando xadrez no clube, lia sobre o jogo em casa em livros emprestados pela biblioteca local. Logo, minha conversa girava em torno do xadrez — eu dizia às pessoas que, quando mais velho, queria ser jogador de xadrez profissional. Quando Brian me perguntou se eu queria jogar competitivamente pelo clube contra jogadores de outros clubes da área, empolguei-me, porque aquilo significava que eu poderia jogar ainda mais xadrez, e concordei prontamente. As partidas ocorriam em diferentes dias da semana, mas cada jogador da equipe era consultado com antecedência sobre sua disponibilidade. Brian me apanhava de carro e me levava, às vezes com outro membro da equipe, ao local do torneio daquela noite. Aquelas partidas eram mais formais do que no clube e cada jogador tinha de anotar os movimentos do jogo numa folha de papel fornecida antes do início da partida. Eu vencia a maioria das partidas e logo virei um membro regular da equipe competitiva do clube.

Após cada partida, eu levava para casa minha folha de papel e repetia os movimentos no meu próprio tabuleiro, sentado no chão do quarto, analisando as posições alcançadas e tentando encontrar meios de melhorá-las. Era um conselho que eu havia lido num de meus livros de xadrez, que me ajudou a evitar a repetição dos erros e a me familiarizar com diferentes posições comuns durante um jogo.

A parte mais difícil do jogo de xadrez era tentar manter um nível profundo de concentração durante uma partida longa, que podia durar duas ou três horas. Tenho tendência a pensar profundamente em surtos breves e intensos, seguidos de períodos mais longos em que a minha capacidade de concentrar se reduz e fica menos constante. Também acho difícil desligar-me de pequenas coisas ocorrendo à minha volta, o que afeta a concentração: alguém respirando ruidosamente do outro lado do salão, por exemplo. Havia jogos em que eu alcançava uma posição vantajosa e depois perdia a concentração, fazia um movimento ou uma série de movimentos fracos e acabava perdendo. Aquilo era sempre muito frustrante para mim.

Mensalmente eu lia a revista de xadrez mais recente na minha biblioteca local. Em uma edição li um anúncio de um torneio que aconteceria não muito longe de minha casa. Dizia, em parte: "Taxa de entrada: antecipada — £5 *off*. No dia — £20." Tendo a ler as coisas muito literalmente, e eu não sabia direito o que "*off*" significava ali, achando que fosse uma abreviatura de "oferta". Pedi aos meus pais se podia participar, e eles concordaram e me deram um vale postal no valor que eu achava que precisava enviar: £5. Duas semanas depois, cheguei ao salão onde a competição se realizava e disse meu nome. O homem consultou as anotações e falou que eu devia ter entendido mal, pois ainda devia £15 adicionais (por estar pagando no dia, perdia o direito ao desconto). Felizmente, eu tinha algum dinheiro extra comigo e paguei, embora me sentisse bem confuso com toda aquela situação.

As partidas eram cronometradas e comecei a primeira confiante e jogando rapidamente. Logo eu tinha uma posição forte no tabuleiro e muito tempo de vantagem sobre o meu oponente. Estava me sentindo bem otimista. Até que, de repente, meu oponente fez seu lance, pressionou o botão no cronômetro e levantou-se rapidamente. Observei-o andando de um lado para o outro do salão enquanto aguardava minha resposta. Eu não esperava que ele fizesse aquilo e achei difícil me concentrar enquanto ele andava para lá e para cá, seus sapatos rangendo no chão duro e lustroso. Totalmente perturbado, fiz uma série de movimentos ruins e perdi o jogo. Senti-me totalmente desapontado, mas também incapaz de prosseguir com as outras partidas, pois simplesmente não conseguia recuperar a concentração. Saí do salão e voltei para casa, decidindo que participar de torneios não era para mim.

Continuei jogando regularmente sozinho com um tabuleiro de xadrez no chão do meu quarto. Minha família sabia que não devia me interromper no meio de um jogo. Ao jogar sozinho, o xadrez era tranqüilizador, com suas regras fixas e sistemáticas, e padrões freqüentes de peças e posições. Aos 16 anos, criei um jogo de 18 movimentos e enviei-o à revista de xadrez que eu lia avidamente em minhas visitas regulares à biblioteca. Para minha surpresa, foi publicado vários meses depois como o item principal da página de cartas daquela edição. Meus pais, de tão orgulhosos, emolduraram a página, pendurando-a na parede de meu quarto.

Anteriormente naquele ano, 1995, prestei meus exames de GCSE*, tendo a nota máxima — A★ — em história, nota A em literatura inglesa, inglês, francês e alemão, duas notas B nas ciências e uma nota C em carpintaria. No exame preliminar de matemática, eu havia tirado A, mas no exame final obtive nota B porque minha álgebra era relativamente fraca. Achava difícil usar equações que substituíam números — para os quais eu tinha uma resposta sinestésica e emocional — por letras, para as quais eu não tinha nenhuma daquelas sensações. Por causa disso, decidi não continuar com a matemática no Nível Avançado**, optando por estudar história, francês e alemão.

Um de meus professores de francês do Nível Avançado, a Sra. Cooper, ajudou a organizar minha primeira viagem ao exterior, para Nantes, uma cidade nas margens do rio Loire no noroeste da França, quando eu tinha 17 anos. A professora conhecia uma família lá que se dispôs a me acomodar e cuidar de mim durante a estadia. Eu nunca precisara de um passaporte antes e tive de providenciar um correndo antes de pegar o avião, em pleno verão. Lembro de minha ansiedade por deixar a família, viajar de avião e ir para outro país. Mas também estava empolgado com a oportunidade de praticar meu francês, e me saí bem. Durante as férias de dez dias, fui tratado extremamente bem pela família, que respeitou meu próprio espaço quando precisei e me encorajou o tempo todo a empregar e praticar meu francês. Todas as conversas eram *en français* — durante os jogos de pingue-pongue, passeios à praia e nas longas e lentas refeições de frutos do mar. Voltei para casa incólume, com exceção das queimaduras de sol sofridas por minha pele sensível.

Naquele mesmo verão, um rapaz alemão chamado Jens veio estudar na nossa escola para tentar melhorar seu inglês. Como eu era o único aluno da turma a falar alemão, ele se sentava comigo durante as aulas e me acompanhava aonde eu fosse. Gostei de ter alguém com quem falar e passar o tempo durante os recreios, e conversávamos numa mistura de alemão e inglês. Jens ensinou-me várias palavras alemãs modernas, como *Handy* para telefone celu-

---

(*) *General Certificate of Secondary Education*, o certificado de conclusão do curso secundário. (N. do T.)

(**) Estudantes que pretendem ingressar na universidade ainda cursam, após o GCSE, dois anos adicionais do chamado *sixth form*, preparatório para o exame *A-level* ou *Advanced Level* (Nível Avançado). (N. do T.)

lar e *Glotze* para aparelho de TV, que eu nunca havia lido nem ouvido. Depois que ele voltou à Alemanha, mantivemos o contato por *e-mail*; ele me escreve em inglês e eu respondo em alemão.

A adolescência estava me mudando — eu estava ficando mais alto e minha voz, mais grave. Meus pais me ensinaram a usar desodorante e a me barbear, embora eu achasse difícil e desconfortável, e ficasse muitos dias com a barba por fazer. O efeito dos hormônios também vinha afetando a forma como eu via e sentia as pessoas à minha volta. Eu não entendia as emoções; eram coisas que simplesmente aconteciam comigo, muitas vezes aparentemente vindas do nada. Tudo que eu sabia era que queria estar próximo de alguém e, não entendendo a proximidade como algo basicamente emocional, caminhava até um dos outros alunos no recreio e ficava bem perto até sentir o calor do seu corpo de encontro à minha pele. Eu ainda não tinha a idéia de espaço pessoal, de que a pessoa se sentia incomodada com o que eu estava fazendo.

Desde os 11 anos, sabia que sentia atração por outros meninos, embora tenha levado vários anos até me considerar "*gay*". Os outros meninos da minha classe estavam interessados nas meninas e falavam muito sobre elas, mas eu não me sentia mais estranho por isso — já estava mais do que consciente de que meu mundo era bem diferente do deles. Eu nunca sentia vergonha ou constrangimento pelos meus sentimentos, porque não escolhi conscientemente tê-los; eles eram tão espontâneos e reais como as outras mudanças fisiológicas da puberdade. Por toda a adolescência, minha autoconfiança foi sempre bem reduzida, devido às zombarias de que era vítima e à minha incapacidade de conversar e interagir relaxadamente com meus colegas; assim, sair com uma menina era praticamente impossível. Embora tivéssemos aulas de educação sexual, estas não me interessavam, nem explicavam os sentimentos que eu vinha experimentando.

Tive minha primeira paquera aos 16 anos, após entrar na *sixth form* na escola. A sala onde acontecia a assembléia no início de cada dia escolar era bem menor do que antes, contendo apenas uma dúzia de alunos, e entre os novos havia um rapaz que se mudara recentemente para a área e estava estudando história no Nível Avançado, como eu. Era alto, confiante e sociável, embora novo na escola — em muitos aspectos, o contrário de mim. O simples fato de olhá-lo fazia com que me sentisse estranho: minha boca secava, meu estômago revolvia e meu coração batia bem rápido no peito. No início, era suficiente para mim vê-lo diariamente na escola, embora, quando se atrasava, eu não conseguisse me concentrar na lição, esperando que ele entrasse porta adentro.

Certo dia, vi-o lendo na biblioteca da escola e me sentei na mesa ao lado. De tão nervoso, esqueci de me apresentar. Felizmente ele me reconheceu da classe e continuou lendo. Fiquei ali sentado, incapaz de falar, durante quinze minutos, até soar a campainha do fim do recreio, quando ele se levantou e saiu. Aí me ocorreu a idéia de que, se eu o ajudasse nos trabalhos de história, seria bem mais fácil interagir com ele. Anotei em páginas e mais páginas a matéria de história do último mês e entreguei a ele na vez seguinte em que o vi na biblioteca. Ficou surpreso e perguntou por que eu fizera aquilo para ele. Respondi que queria ajudá-lo porque ele era novo na escola. O rapaz pegou as anotações e agradeceu. Escrevi outras anotações para ele, que aceitou só depois que garanti que aquilo não estava me dando trabalho. Entretanto, em momento algum falou comigo como amigo ou fez qualquer esforço para passar algum tempo junto a mim. Logo me senti inquieto e escrevi sobre meus sentimentos num breve bilhete que lhe entreguei num recreio na biblioteca. Saí da sala assim que entreguei a mensagem, incapaz de permanecer enquanto ele lia meus pensamentos mais íntimos. Mais tarde, no final do dia escolar, ao caminhar em direção aos portões, vi-o de pé no meio do caminho, observando e esperando. Bem no fundo quis dar meia-volta e correr, ainda me sentindo incapaz de encará-lo, mas era tarde demais; ele já me havia visto. Ficamos de pé lado a lado e, por um breve e feliz momento, parecia que ele tinha entrado no meu mundo. Devolveu-me o bilhete e explicou, de forma simples e gentil, que não podia ser a pessoa que eu queria que fosse. Não estava zangado nem contrariado e não se afastou às pressas, mas permaneceu ali pacientemente olhando para mim até que abaixei a cabeça e saí andando.

Quando voltei para casa, fiz o que sempre fazia em momentos de tristeza e incerteza: ouvi minha música favorita, o que sempre ajudava a me acalmar. Minha banda favorita eram os Carpenters, mas eu também ouvia atentamente outros músicos, como Alison Moyet e os Beach Boys. Tenho uma tolerância muito alta para a repetição e às vezes tocava a mesma canção cem vezes no meu *walkman*, ouvindo-a numa seqüência ininterrupta horas a fio.

Meus dois anos no Nível Avançado foram difíceis por outros motivos também. A mudança na estruturação das lições e na maneira de estudar as matérias foi um choque para mim, e tive dificuldade em me adaptar bem. Na aula de história, os temas que eu havia estudado nos últimos dois anos foram totalmente substituídos por outros sem nenhuma relação e que não me interessavam nem um pouco. A quantidade de trabalhos escritos exigidos também aumentou consideravelmente, e eu lutava para escrever mais sobre eventos e idéias que, embora eu conhecesse, não me interessavam tanto. Ao mesmo tempo, porém, o relacionamento com o professor de história, Sr. Sexton, foi muito bom, bem melhor do que com qualquer dos colegas. Ele respeitava meu amor pela matéria e gostava de conversar comigo após a aula sobre aquelas áreas que mais me interessavam. A flexibilidade extra do Nível Avançado também me permitia estudar no meu ritmo bem mais do que antes, e as turmas eram menores e mais concentradas. No fim do último semestre, porém, eu me sentia exausto e insatisfeito. Embora tivesse bom resultado nos exames finais, aquilo não me ajudou a responder à pergunta que, naquela altura, eu me fazia constantemente: E agora?

7
Passagem para Kaunas

Meus pais sempre esperaram que eu fosse para a universidade. Eles me apoiaram firmemente no decorrer dos meus estudos e se orgulhavam do meu sucesso acadêmico. Tanto minha mãe como meu pai deixaram a escola sem qualificações, e ninguém da família havia ingressado no curso superior. Mas eu não me sentia à vontade com a idéia de ir para a universidade. Se bem que tivesse me esforçado muito para melhorar as habilidades sociais, ainda me sentia sem jeito e pouco à vontade em meio às pessoas. Além disso, estava cansado das salas de aula e queria fazer algo novo e desafiador. Entretanto, como muitas pessoas aos 18 anos, ainda não tinha uma idéia clara do que poderia ser. Quando informei minha mãe da minha decisão de não fazer universidade, ela respondeu que estava desapontada. Naquela época, meus pais não tinham certeza de que eu fosse capaz de me adaptar plenamente às exigências do mundo externo. Afinal, eu ainda achava que as mínimas coisas — como escovar os dentes e me barbear — exigiam uma grande dose de tempo e esforço.

Todo dia eu lia as páginas de classificados do jornal, olhando diferentes anúncios de empregos. Na escola, dissera ao orientador vocacional que pretendia um dia ser um separador de cartas ou bibliotecário. A idéia de trabalhar num centro de triagem de cartas, colocando cada carta exatamente no compartimento certo, ou então em uma biblioteca cercado de palavras e números, em ambientes que eram estruturados, lógicos e tranqüilos, sempre parecera ideal para mim. Mas as bibliotecas da minha área não precisavam de pessoal novo e algumas exigiam qualificações específicas que eu não tinha. Aí vi um pequeno anúncio de jornal procurando indivíduos interessados em realizar um trabalho voluntário no exterior. Eu lera tanto nos livros sobre os diferentes países do mundo — sabia os nomes de todas as capitais da Europa — que a idéia de viver e trabalhar num país diferente e distante me pareceu de cara uma perspectiva ao mesmo tempo amedrontadora e superempolgante. Um passo enorme até para contemplar, mas eu sabia que não queria morar com meus pais para sempre.

Falei a respeito com minha família. Eles ficaram em dúvida, mas disseram que eu poderia ligar para o telefone do anúncio pedindo informações. Alguns dias depois, chegaram alguns folhetos. A pessoa que colocara o anúncio representava uma divisão jovem do VSO — Voluntary Services Overseas — uma organização internacional de combate à pobreza e a maior organização de envio de voluntários do mundo. Especificamente, estavam procurando proporcionar a jovens de áreas destituídas do Reino Unido uma oportunidade — de realizar trabalho voluntário em outro país — que normalmente não estaria ao alcance deles. Os candidatos aprovados seriam enviados a postos em partes do leste da Europa e receberiam treinamento e apoio contínuos durante a sua missão. Após novas conversas com minha família, preenchi o formulário de candidatura e aguardei a resposta dos organizadores.

Senti-me bem ansioso com a possibilidade de deixar minha família e viajar centenas de quilômetros para uma nova vida num país novo e distante. Mas eu já era um adulto e sabia que teria de fazer algo se quisesse ter uma vida independente no mundo fora do meu quarto em casa. Meu amigo alemão Jens me encorajara a viajar, assim como ele viajara à Grã-Bretanha. Acreditava que a experiência me deixaria mais confiante e aberto às outras pessoas. Eu esperava que, viajando ao exterior, descobrisse muito mais sobre mim, sobre o tipo de pessoa que eu era.

Uma carta chegou informando que minha candidatura havia sido aceita e que eu deveria passar por uma entrevista no centro de Londres. No dia, meus pais deram o dinheiro do táxi para eu não me atrasar. Meu pai ajudou a fazer o nó da gravata, e vesti uma camisa e calça recém-compradas. As etiquetas da camisa pinicaram as minhas costas, que de tanto eu coçar ficaram vermelhas e doloridas. Assim que cheguei no prédio, subi num elevador — observando os números cintilando no pequeno mostrador sobre a porta — e ao chegar na recepção disse meu nome. A moça folheou uns papéis, fez uma marca com uma caneta-tinteiro púrpura e pediu que eu tomasse um assento. Eu sabia que ela queria dizer "sente-se por favor" — e não que eu tomasse um dos assentos da sala de espera e levasse para casa — de modo que fui até lá, sentei e esperei.

A sala de espera era pequena e escura, pois as únicas janelas, mínimas e altas demais na parede, deixavam entrar uma quantidade bastante restrita de ar e luz. O tapete estava desbotado e migalhas amarelas perto de minha cadeira mostravam que alguém comera um bolinho enquanto aguardava ser chamado. Havia revistas amassadas numa pequena pilha na mesa no meio da sala, mas não tive vontade de ler, de modo que olhei para o chão e contei as migalhas. De repente, uma porta abriu e ouvi uma voz chamando meu nome. Levantei-me e caminhei até o escritório, com cuidado para não derrubar as revistas ao passar por elas. O escritório tinha uma janela grande, sendo bem mais claro. A mulher atrás da escrivaninha deu-me a mão e mandou-me sentar. Ela também tinha montes de folhas de papel. Aí veio a pergunta que eu mais esperara: "O que o faz pensar que será um bom voluntário?" Olhei para baixo, respirei fundo e lembrei as recomendações de minha mãe de enfatizar o positivo: "Consigo analisar bem uma situação, consigo entender e respeitar as diferenças nos outros, e aprendo com rapidez."

Mais perguntas vieram, entre elas se eu tinha algum amor de quem sentiria falta se mandado ao exterior (eu não tinha) e se me considerava uma pessoa tolerante em relação a outros países e culturas (eu me considerava). A entrevistadora perguntou o que eu gostaria de fazer como voluntário, que tipo de trabalho eu fazia melhor. Respondi que havia às vezes ajudado alunos mais jovens na escola em seus trabalhos de classe de línguas estrangeiras e que gostaria de ensinar inglês. A mulher sorriu e anotou algo. Então ela perguntou se eu conhecia algo sobre o leste da Europa, e eu fiz que sim com a cabeça e respondi que havia estudado na escola a história da União Soviética e sabia os nomes e capitais dos diferentes países. Ela me interrompeu e perguntou se eu me incomodaria de viver num país bem mais pobre. Fiquei silencioso por alguns momentos, porque não gosto de ser interrompido, mas depois ergui meus olhos e respondi que eu não me importaria e que levaria comigo as coisas de que realmente precisasse, como livros e roupas e fitas cassete para ouvir.

Ao final da entrevista, a mulher levantou da cadeira, deu-me a mão e disse que em breve eu seria informado da decisão deles. Quando cheguei em casa, minha mãe perguntou como foi a entrevista, mas eu não sabia o que responder, porque não tinha a menor idéia. Várias semanas depois, recebi uma carta pelo correio informando que eu fora aprovado no estágio da entrevista e deveria participar de uma semana de treinamento, no mês seguinte, num centro de retiro no coração da Inglaterra. Fiquei empolgado por ter passado na entrevista, mas ansioso porque nunca viajara de trem sozinho. Uma folha de papel anexa à carta dava as coordenadas do centro para quem viesse de trem, e eu memorizei palavra por palavra para me tranqüilizar. Quando chegou a primeira manhã da semana do treinamento, meus pais me ajudaram a terminar de fazer as malas e meu pai me acompanhou à estação de trem e aguardou comigo na fila das passagens. Certificou-se de que eu fui à plataforma certa e fez um aceno de despedida quando embarquei.

Era um dia quente de verão e dentro do trem estava abafado e desconfortável. Logo me sentei num assento na janela sem ninguém do lado e pus minha mala no chão, comprimindo-a com força entre as pernas. O assento dava uma sensação esponjosa e, por mais que eu mudasse de posição, não conseguia me sentar de forma confortável. Não gostei de estar no trem. Estava sujo, com embalagens de plástico de doces no chão e um jornal amarrotado no assento vazio à minha frente. Ao se mover, o trem fazia um barulhão, tornando difícil para mim me concentrar em outras coisas, como contar os arranhões na vidraça ao meu lado. Gradualmente, o trem foi enchendo ao passar pelas estações, e fui ficando cada vez mais ansioso com o aumento do fluxo de viajantes sentados e de pé à minha volta. A cacofonia de diferentes ruídos — páginas de revistas sendo viradas e *walkmans* tocando alto, música abafada e pessoas tossindo e espirrando e conversando ruidosamente — fez-me sentir mal e tapei os ouvidos com os dedos ante a sensação de que minha cabeça ia se despedaçar em mil pedaços.

Em boa hora o trem alcançou seu destino, e a sensação de alívio que senti foi palpável. Mas com meu péssimo senso de orientação, temi acabar me perdendo por completo. Felizmente vi um táxi vazio, entrei e disse o endereço ao motorista. A pequena corrida levou-me a um prédio grande vermelho e branco, pontilhado de janelas e cercado de árvores, com uma placa que dizia:

Harborne Hall — Centro de conferências e treinamento. Lá dentro, um folheto informava aos visitantes que o centro datava do século XVIII e havia sido um convento. A recepção era sombria, com pilastras de madeira marrom que alcançavam o teto, cadeiras de couro marrom escuro e uma escada de madeira com corrimão em frente à recepção. Recebi um crachá para usar o tempo todo em que estivesse no centro, além de uma chave e o número do meu quarto, e uma programação dos eventos da semana.

No andar de cima, meu quarto era mais claro e bem mais fresco. Havia uma pia pequena no canto, mas os toaletes e chuveiros se situavam no fundo do corredor. O pensamento de ter de usar instalações compartilhadas para me lavar (eu tomava banho todo dia em casa) me desagradou, e acordei bem cedo todas as manhãs durante aquela semana para ter certeza de que ninguém estaria de pé antes que eu saísse do banheiro.

No primeiro dia no centro, fui informado de que havia sido designado para ensinar inglês na Lituânia. Eu já ouvira falar daquele nome e da capital —Vilnius — e recebi livros e folhetos para estudar e aprender mais sobre o país e seu povo. Houve então uma apresentação do grupo, com uma dúzia de outros jovens voluntários destinados a diferentes locais no leste europeu. Nós nos sentamos em círculo e cada um teve um minuto para se apresentar. Eu estava bem nervoso e tentei não esquecer de fazer contato visual com os membros do grupo ao dizer meu nome e o país aonde iria. Dos outros voluntários que conheci, um era irlandês, com cabelos longos e cacheados, que ia ser mandado para a Rússia. Outro, uma mulher jovem, recebera uma colocação para cuidar de crianças na Hungria.

Tivemos longos períodos de tempo livre que os outros voluntários passavam juntos na sala de jogos, batendo papo e jogando bilhar. Eu preferia permanecer no quarto lendo ou então visitar a sala de informações do centro, repleta de livros e mapas, onde estudava em silêncio. No horário das refeições, descia correndo para ser o primeiro a receber a comida e comê-la o mais rápido possível a fim de evitar montes de pessoas à minha volta. No final de cada dia, ficava sentado sozinho na grama nos terrenos descampados em volta do centro, contemplando as árvores altas contrastando com as cores quentes e esvaecentes do céu no início da noite, absorto em meus pensamentos e sentimentos. Claro que me sentia ansioso com a viagem e com as possibilidades de sucesso na minha missão. Mas havia algo mais: entusiasmo, porque enfim eu tomava as rédeas de minha vida e destino. Tal pensamento era de tirar o fôlego.

O treinamento consistiu em três partes. A primeira objetivou encorajar o trabalho de equipe, participação e cooperação. Os voluntários foram divididos em grupos pequenos, tendo que conceber um sistema entre eles de remover bolas coloridas de plástico, em seqüências específicas, de uma caixa cheia fornecida a cada equipe. Quando meus colegas de equipe me davam instruções simples e claras, eu tinha um bom desempenho e ficava satisfeito por dar minha contribuição ao exercício. Exercícios como aqueles podiam às vezes durar horas, de modo que o desafio maior para mim era permanecer atento, mantendo meus níveis de concentração o tempo todo.

Houve também uma discussão em grupo sobre valores e práticas culturais, com o objetivo de estimular o debate entre os voluntários, desafiar os preconceitos e promover a tolerância. A certa altura, após assistirmos juntos a um vídeo sobre os tipos de comida exótica nas diferentes partes do mundo, o líder da discussão perguntou ao grupo como nos sentiríamos num país onde as pessoas costumassem untar sua comida com gordura animal. Muitos voluntários na sala fizeram uma careta e disseram que aquilo parecia nojento. Percebendo que ele devia estar se referindo à manteiga (e estava mesmo), respondi que não me importava nem um pouco que as pessoas comessem aquilo.

Quase no final da semana tivemos uma palestra sobre os países do leste da Europa, sua geografia e situação social e política. A palestra durou uma hora e todos deveriam tomar notas. Fiquei sentando ouvindo, mas não escrevi nada. A certa altura, o palestrante perguntou por que eu não estava anotando nada e respondi que eu conseguia lembrar tudo que ele dissera e estava fazendo anotações mentais, na minha cabeça. Eu sempre tomara notas desse jeito, o que me ajudou muito nos exames escolares. Ele fez várias perguntas para me testar e acertei todas.

De volta em casa após o treinamento, fiquei esperando pela confirmação definitiva de meu posto na Lituânia. Chegou pelo correio: um pacote grande de material impresso com mapas, nomes e telefones de contato, local de residência, detalhes sobre o trabalho e a passagem de avião. Meus pais ficaram nervosos por mim, preocupados se eu conseguiria enfrentar a ausência de casa por tanto tempo, mas eu estava simplesmente empolgado com o que considerava um grande passo à frente na minha vida. Mal conseguia acreditar, mas, quase aos 20 anos, estava enfim me mudando para um lugar a 1.300 quilômetros de distância.

A república da Lituânia é um dos três países bálticos, fazendo fronteira com a Letônia ao norte, Belarus a sudeste, Polônia ao sul e a província russa de Kaliningrado a sudoeste. Em 1940, durante a Segunda Guerra Mundial, a Lituânia foi anexada pela União Soviética. Mais tarde caiu sob a ocupação alemã e voltou ao domínio soviético em 1945. A Lituânia foi a primeira república soviética a declarar a independência, no domingo, 11 de março de 1990. Forças soviéticas tentaram reverter aquele passo — particularmente durante um incidente na torre de TV da capital, que resultou nas mortes de vários civis — mas sem sucesso. Em 2004, a Lituânia tornou-se membro pleno da Otan e da União Européia.

No táxi para o aeroporto, observei os outros carros passando por nós e os contei. Minha cabeça estava martelando e eu me sentia enjoado. Não conseguia acreditar que só veria minha família de novo no ano seguinte. Antes de partir, prometi à minha mãe que telefonaria para casa semanalmente para relatar o meu progresso e me esforçaria para comer direito. O *check-in* foi surpreendentemente tranqüilo — era outubro e as férias de verão já estavam distantes — e foi fácil despachar a bagagem e passar pelas áreas de segurança e embarque. Após uma longa espera, em que fiquei caminhando de um lado para o outro e verificando regularmente o painel de partidas, meu vôo foi enfim anunciado e corri ao portão para embarcar. O avião estava apenas com metade de sua lotação e senti um grande alívio por não ter ninguém sentado do meu lado. Mergulhei na poltrona e li as anotações que haviam me enviado sobre o centro ao qual eu estava sendo designado, treinando a meia-voz a pronúncia dos diferentes nomes de pessoas e lugares. As aeromoças não me perturbaram durante o vôo, e quando o avião começou a aterrissar no Aeroporto Internacional de Vilnius verifiquei se havia trazido a câmera. O inverno se aproximava e eu estava ansioso para tirar montes de fotos da neve.

Na alfândega, havia filas pequenas e policiais vestidos de preto da cabeça aos pés observavam as pessoas que chegavam. Meu passaporte foi verificado e carimbado em vermelho com as palavras *Lietuvos Respublika* (República da Lituânia) e me fizeram um sinal para passar. Após apanhar as malas, fui recebido pelo coordenador dos voluntários para os estados bálticos e levado de carro até meu apartamento em Kaunas, a segunda maior cidade da Lituânia, localizada no centro do país.

O prédio de apartamentos era feito de concreto e metal, com uma horta na frente cuidada pelos moradores mais idosos, todos na faixa dos 70 e 80 anos. Uma área tranqüila, longe das estradas principais e do tráfego. Apresentaram-me ao senhorio, um homem de barba prateada chamado Jonas, que explicou num inglês parco as regras do prédio e coisas básicas como ligar e desligar a calefação. Deu seu telefone para que eu ligasse em caso de emergência. O coordenador confirmou o endereço do centro onde eu realizaria meu trabalho voluntário e forneceu as coordenadas por escrito para chegar lá de trólebus. Era sexta-feira, de modo que eu teria o fim de semana para me adaptar antes de começar meu primeiro dia de trabalho.

Por dentro, meu apartamento era surpreendentemente espaçoso, consistindo em uma cozinha, sala de estar, banheiro e quarto. O interior era decorado com tecidos pesados e escuros, tornando-se sombrio nos dias nublados. A cozinha dispunha de um forno velho, armários e um refrigerador. Azulejos brancos, alguns lascados, cobriam as paredes. Na sala de estar, uma grande estante de parede continha fotos e enfeites pertencentes à família de Jonas. Havia também uma mesinha, sofá e televisão. O banheiro tinha com uma ducha e máquina de lavar, um luxo naquela época na Lituânia. Meu quarto era de bom tamanho, com um armário grande, mesa e cadeira, cama e telefone. Aquela seria minha moradia nos próximos nove meses.

Estava nervoso demais para deixar o apartamento e explorar a área externa durante aquele primeiro fim de semana em Kaunas. Em vez disso, ocupei-me desfazendo a bagagem e descobrindo como usar os diferentes equipamentos da casa nova. Vi um pouco de televisão e logo percebi que muitos programas eram importados dos Estados Unidos, com legendas em lituano. Jonas deixara os itens essenciais, como leite, pão e cereais, na cozinha para mim. Eu nunca tivera que cozinhar antes e, no início, virei-me comendo montes de sanduíches e tigelas de *cornflakes*. Logo teria de invocar toda a minha coragem para fazer o primeiro percurso até o centro.

Na manhã de segunda-feira, acordei cedo, tomei uma ducha e me protegi com um sobretudo pesado e um cachecol. Já fazia muito frio, embora o inverno ainda não tivesse chegado. Uma caminhada curta levou-me do apartamento à estrada principal. As instruções fornecidas pelo coordenador informavam que as passagens de trólebus podiam ser compradas em qualquer uma das bancas de jornais que pontilhavam as ruas principais da Lituânia. Tendo memorizado o conteúdo do livro de frases lituanas incluído no meu *kit* de voluntário, pedi uma *vieną troleibusų bilietą* (uma passagem de trólebus) e recebi um pequeno bilhete retangular em troca de uns poucos *litas* (a moeda lituana). O ônibus avançou lentamente pela estrada longa e íngreme, parando quase a cada minuto para que mais passageiros entrassem. Havia homens com gorros e pesados sobretudos de pele, mulheres jovens com uma criança sob cada braço e mulheres idosas e miúdas com cabeças cobertas com lenços e miríades de bolsas de plástico aos pés. Com poucos bancos e espaço reduzido para os que viajavam em pé, o ônibus logo ficou lotado e comecei a me sentir enjoado e tonto, ofegando por ar como se estivesse me afogando num mar de pessoas. Quando o ônibus chegou no ponto seguinte, levantei-me de repente do meu banco, quase derrubando um homem de pé ao meu lado, e com a cabeça abaixada abri caminho até o ar livre e fresco lá de fora. Suando e tremendo, levei vários minutos até me acalmar novamente.

Subi a pé o resto do aclive íngreme da *Savanorių Prospektas* (Avenida dos Voluntários) até alcançar o número 1, um edifício alto e marrom de concreto. Subi os dois lances de degraus de concreto e apertei um botão do lado da porta. Subitamente, a porta se abriu e uma mulher baixinha, supermaquiada e coberta de jóias saudou-me num inglês correto: "Seja bem-vindo! Você deve ser o Daniel. Pode entrar. O que está achando da Lituânia até agora?" Respondi que ainda não havia visto muita coisa. A mulher apresentou-se como Liuda, fundadora e diretora do centro.

O centro de Liuda chamava-se *Socialinių Inovacijų Fondas* (Fundo para a Inovação Social), uma organização não-governamental para mulheres desempregadas e economicamente em risco na comunidade. Muitos lituanos haviam perdido o emprego na reviravolta depois que o país se separou da União Soviética, e Liuda tivera a idéia de fundar uma organização para ajudar mulheres como ela a encontrarem um rumo na nova economia.

Voluntários realizavam grande parte do trabalho do centro, sendo fundamentais ao seu sucesso. Como eu, alguns vinham de outros países, próximos ou distantes. Preparei minhas aulas de inglês junto com um voluntário do American Peace Corps de uns 70 anos, chamado Neil. Ele gostava de relembrar seu país durante os intervalos para o café, contando sobre a casa que havia construído para si nos Estados Unidos e o *trailer* que ele e a esposa haviam comprado após sua aposentadoria, no qual percorreram todos os cinqüenta estados da União.

A outra pessoa que lecionava no centro era Olga, uma mulher russa com cabelos ruivos encaracolados e sempre de óculos escuros. Todas as vezes em que falava, dava para ver seus dois dentes de ouro, um em cada canto da boca. Olga entendeu que eu me sentia ansioso por estar num ambiente tão diferente e explicou que era normal sentir saudades de casa e nervosismo quando se começa algo novo. Eu realmente apreciei suas palavras.

Minha função principal como voluntário era na sala de aula. O centro fornecia alguns livros didáticos e folhas de trabalho, mas em geral os recursos eram escassos, e eu estava livre para organizar o conteúdo das aulas como quisesse, o que achei ótimo. As mulheres que assistiam às aulas diferiam muito na idade, origem e educação, e o máximo de alunos por turma era 12, de modo que todos se conheciam bem e a atmosfera das aulas era sempre relaxada e amistosa. No princípio, senti-me muito nervoso por estar de pé diante dos meus alunos conduzindo a aula, mas todos foram bem gentis e positivos comigo, e gradualmente fui ficando mais à vontade na minha função.

Foi através daquelas aulas que conheci a pessoa que se tornaria uma de minhas melhores amigas, uma mulher de meia-idade chamada Birutė. Tradutora profissional, seu inglês já era bom, mas lhe faltava confiança, e ela comparecia às aulas a fim de praticar. Após as aulas, vinha para a frente da classe conversar comigo, perguntando o que eu estava achando da vida na Lituânia. Certa vez, perguntou se eu gostaria de um guia para mostrar a cidade. Eu tinha estado nervoso demais para percorrê-la sozinho e aceitei de bom grado o oferecimento.

Descemos juntos a rua de pedestres principal de Kaunas, *Laisvės Aleja* (Avenida da Liberdade), com 1.621 metros de comprimento, localizada no centro da cidade. Numa extremidade da avenida fica a Igreja do Arcanjo São Miguel, uma construção colossal, de cúpula azul e colunas brancas, que reluzia ao sol. A igreja foi transformada em galeria de arte sob o regime soviético e só reabriu para o culto religioso após a independência da Lituânia. Do outro lado da avenida, Birutė levou-me para ver o centro histórico de Kaunas, com suas ruas calçadas com pedras e o castelo de tijolos vermelhos, o primeiro bastião defensivo do país, que data do século XIII.

Diariamente por volta do meio-dia, após a aula matinal, Birutė me aguardava e caminhávamos juntos até a prefeitura local para almoçar. Rotinas como essa ajudavam na adaptação à vida nova, dotando cada dia de uma forma repetitiva e previsível que me agradava. A cantina ficava no subsolo, era mal-iluminada e nunca mais de metade das mesas ficavam ocupadas. A comida, farta e barata, incluía várias receitas lituanas tradicionais como sopa cremosa de beterrabas com rolinhos de carne. Meus hábitos alimentares haviam mudado bastante desde a infância e eu me sentia bem comendo uma grande variedade de alimentos diferentes. Nos dias em que não havia aulas durante a tarde, Birutė e eu comíamos em um dos restaurantes ao longo da Laisvės Aleja. Minha comida favorita era o prato nacional lituano, *Cepelinai*, que recebeu este nome devido ao formato semelhante ao do zepelim. É feito de batatas raladas e carne moída, cozidas e servidas com creme de leite.

Minha amizade com Birutė foi-se aprofundando e ficando mais especial com o tempo. Ela se mostrava sempre paciente e compreensiva comigo, disposta a me ouvir e cheia de conselhos e encorajamento. Não sei como teria sobrevivido na Lituânia sem ela. Quando várias das mulheres do centro me disseram que precisavam praticar mais seu inglês, mas não tinham como pagar pelas aulas extras, tive a idéia de juntar um grupo semanal de conversação na minha casa, que Birutė ajudou a organizar. As mulheres traziam bolinhos e preparavam chá e café, e todas se sentavam nas cadeiras ou no sofá e conversavam em inglês sobre todo e qualquer assunto. Uma noite, Birutė trouxe e exibiu *slides* de uma viagem de férias com sua família, e o grupo assistiu, fez perguntas e discutiu suas próprias experiências de viagens.

Com freqüência as mulheres de minha classe e do centro perguntavam se eu fizera amizade com pessoas da minha idade. Inga, a auxiliar de Liuda, apresentou-me ao seu sobrinho, três anos mais novo do que eu, encorajando-nos a sairmos juntos. Peter, que falava um bom inglês, era um pouco tímido e muito educado. Fomos ao cinema na cidade e vimos os últimos lançamentos americanos. Quando a música ficava alta demais, eu tapava os ouvidos com os dedos, embora ele aparentemente nunca notasse.

Havia outros voluntários do Reino Unido no país e éramos encorajados a permanecer em contato como uma rede de apoio mútuo. Um dos voluntários, Vikram, recentemente terminara os estudos de advocacia na universidade para então decidir que não queria seguir carreira de advogado. Não tínhamos muito em comum — ele falava à beça sobre futebol e *rock* e outras coisas que não me interessavam — e nossas conversas eram muitas vezes entrecortadas por longos períodos de silêncio, porque às vezes tenho dificuldade em sustentar um diálogo quando o tema não me interessa. Nessas ocasiões, as palavras simplesmente não afloram.

Outro voluntário que trabalhava na Lituânia era Denise, uma galesa alta e esguia, na casa dos 30 anos, muito dinâmica em tudo que dizia ou fazia. Denise estava residindo na capital da Lituânia, Vilnius, e convidou os voluntários de Kaunas para virem visitá-la e ver a cidade de perto. Viajamos de ônibus — sentei no fundo para não ser cercado por outros passageiros — numa viagem sacolejante de quatro horas até o centro da cidade. Vilnius era bem diferente de Kaunas: as pessoas andavam mais rápido e havia muitos conjuntos residenciais novos construídos de metal e vidro brilhante. O apartamento de Denise era limpo, pintado com cores vivas e com chão de tacos. As cadeiras da cozinha eram de madeira e o alto de seus espaldares tinha a forma de morros ondulantes. Gostei de esfregar meus dedos neles — tinham uma textura ligeiramente arenosa e titilante. Bebemos chá, comemos biscoitos e olhamos as fotos que Denise havia tirado em sua estadia até então. Gostei quando os outros voluntários me encorajaram a participar de suas conversas e não pareceram me julgar por ser diferente. Cada um dos voluntários tinha sua personalidade e todos eram muito abertos e amistosos entre si.

O voluntário mais experiente era uma mulher britânica de origem asiática chamada Gurcharan. Tinha cabelos escuros, espessos e encaracolados e trajava sáris largos e de cores brilhantes. Seu apartamento ficava perto do meu em Kaunas e regularmente ela vinha com malas de roupa suja para usar minha máquina de lavar. Em troca, Gurcharan me convidava ao seu apartamento para conversarmos e comermos juntos à noite após o trabalho. As paredes dos aposentos estavam decoradas com quadros indianos multicoloridos, e a mesa da sala de estar estava cheia de velas e incenso queimando. Gurcharan falava muito rápido e, às vezes, eu achava difícil acompanhar o que dizia. Muito aberta, falava em demasia sobre sua vida pessoal, encorajando-me a fazer o mesmo. Eu não tinha uma vida pessoal e não sabia o que dizer. Quando ela perguntou se eu tinha namorada, fiz que não com a cabeça. Aí ela perguntou se eu tinha namorado. Devo ter corado, porque ela me perguntou então se eu era *gay*. A sucessão rápida de perguntas foi um tanto esmagadora, como o tamborilar contínuo de chuva sobre minha cabeça, e levei alguns momentos até responder. Ela deu um amplo sorriso e perguntou se eu tinha amigos *gays*. Outra vez fiz que não com a cabeça.

Num dos folhetos distribuídos aos voluntários antes da viagem estava uma lista de telefones úteis, que eu mantinha ao lado do telefone no meu apartamento. A conversa com Gurcharan me levou a ligar para um dos números, um grupo para *gays* na Lituânia, e marcar um encontro com um dos membros locais, em frente à prefeitura, no dia seguinte após o trabalho. Estava cansado de não saber quem eu era, de me sentir desligado de uma parte de mim da qual estava consciente desde tempos atrás. Aquele telefonema foi uma das maiores decisões de minha vida e uma das mais importantes também. Durante todas as minhas aulas no dia seguinte, senti minha pulsação disparando e não consegui comer nada. Mais tarde, descendo a avenida rumo à prefeitura, notei que estava tremendo e tive de me esforçar para não ceder à tentação de dar meia-volta e correr. Ao me aproximar, pude ver que a pessoa com quem me encontraria já havia chegado e estava imóvel, esperando por mim. Respirei fundo, caminhei em sua direção e me apresentei. Ele era alto e magro, e trajava uma jaqueta preta que combinava com a cor dos cabelos.

Vytautas — um nome comum na Lituânia — tinha a minha idade e estava empolgado por conhecer alguém da Grã-Bretanha. Seu inglês era ótimo, porque gostava de ver filmes e programas de televisão americanos. Convidou-me para ir no fim de semana à casa dele e do seu parceiro, Žygintas, e aceitei. Como eu não gostava de viajar nos ônibus elétricos lotados, eles me apanharam de carro e me levaram ao apartamento do outro lado da cidade. Muitas das coisas modernas de que dispunham, como uma televisão de *wide-screen* e aparelho de CD, eram relativamente raras naquela época nos lares lituanos. Žygintas adorava música britânica e colecionara muitos CDs, tocando alguns para mim. Durante a refeição, conversamos sobre nossas vidas —Vytautas era estudante, enquanto Žygintas trabalhava num consultório dentário. Haviam se conhecido por meio do grupo e estavam juntos havia anos. Nas semanas seguintes, visitei-os regularmente para conversarmos sobre os acontecimentos, comermos juntos e ouvirmos música. Estava sempre escuro quando eu saía para ir para casa no final da visita, e, embora Žygintas se preocupasse com minha segurança e sempre se oferecesse para me levar de carro, eu preferia a longa caminhada solitária pelas ruas silenciosas, vazias e iluminadas pela lua.

Gurcharan empolgou-se ao saber de minha amizade com Vytautas e Žygintas e quis conhecê-los. Ofereceu-se para preparar uma refeição para nós quatro no seu apartamento, e aceitamos com prazer. Era uma noite gélida de final de outono quando chegamos, e levamos vários minutos até tirar os sobretudos, chapéus, cachecóis e luvas antes de entrarmos na sala de estar. Gurcharan já estava ocupada na cozinha ao lado preparando vários pratos simultaneamente, cujos aromas condimentados enchiam a sala, aguçando nossos apetites. O pouco que restava da luz do dia estava desaparecendo rapidamente, substituída pelo brilho tremulante e quente das velas que enchiam diferentes estantes e compartimentos. A mesa no centro da sala já havia sido posta com pratos e talheres e copos que cintilavam à luz das velas. Vinho foi servido aos convidados e a comida foi arrumada em travessas que iam passando de mão em mão ao redor da mesa. Havia vários pratos de legumes e carne ao *curry* e arroz abundante para todos. Gurcharan, tão faladora como sempre, perguntou tudo sobre a vida de Vytautas e Žygintas durante o jantar. Escutei o máximo que pude entre os bocados da deliciosa comida caseira, mas a maior parte da conversa não me interessou, e, depois que terminei de comer, apanhei um livro de uma estante próxima e comecei a ler. Fiquei constrangido quando Gurcharan reclamou que eu estava sendo indelicado; eu não tinha a menor idéia de que estava sendo rude. Naquele momento, quase terminando a refeição, Žygintas parou de repente e gritou uma palavra em lituano, antes de repetir em inglês para a nossa compreensão: "Um camundongo, você tem um camundongo!" Apontou para a mesa da cozinha onde acabara de vê-lo aparecer, saltar e sumir diante de seus olhos. Gurcharan sorriu ligeiramente e disse simplesmente: "Sim, eu sei." Explicou-nos que não tinha o menor problema em conviver com um camundongo e que já tivera um antes em sua casa no Reino Unido. Contanto que ele não atrapalhasse, não via nenhum motivo para se preocupar. Eu nunca tivera a chance de ver um camundongo tão de perto e fiquei desapontado por ter perdido aquela. A conversa prosseguiu como antes e desta vez ninguém pareceu se importar quando retornei ao meu livro. No final do encontro, Gurcharan veio dar um beijinho de despedida em cada um. Eu hesitei, e ela pôs sua mão na minha e apertou-a com força. Sabia que eu era diferente e disse que se orgulhava de mim por estar disposto a correr riscos.

Cerca de uma semana depois, eu estava na cozinha do meu apartamento preparando sanduíches quando percebi uma pequena mancha se movendo na parede de azulejos em frente. Ao aproximar a cabeça e olhar melhor, percebi um inseto que nunca havia visto antes. No dia seguinte, no centro, perguntei a Birutė a respeito. "É *tarakonas*", respondeu, depois pensou por uns momentos, buscando a palavra inglesa: "Uma barata." Os insetos constituem — eu logo descobri — um problema comum em muitos dos prédios mais antigos da Lituânia. Meu senhorio, Jonas, avisado pelo telefone, pediu desculpas e prometeu combater a infestação. Entretanto, o prédio inteiro precisava ser dedetizado e, como meus vizinhos eram todos muito idosos, foi difícil organizar aquilo com rapidez. Temporariamente, Jonas forneceu um *spray* para eu aplicar nas baratas que encontrasse. Elas não me incomodavam muito, embora me desviassem a atenção se eu estivesse tentando ouvir alguém numa conversa ou ver televisão. Quando informados do problema em um de meus relatos telefônicos regulares, meus pais se preocuparam e tive de garantir que, afora aquilo, o apartamento estava limpo, eu gozava de perfeita saúde e o senhorio estava tomando providências para o problema. Várias semanas passaram até Jonas conseguir dedetizar todo o prédio, e mesmo depois as baratas persistiram, embora apenas em aparições casuais vez ou outra.

O inverno chegou inexorável nos meses após minha chegada à Lituânia, trazendo nevascas e um frio de rachar por todo o país. Em Kaunas, a temperatura caía até trinta graus negativos durante a noite. Meu apartamento não ficava num prédio moderno, possuindo um mau isolamento térmico, sendo muito difícil de manter aquecido. Peguei emprestado um aquecedor de ambientes de um dos voluntários do centro, que havia comprado um novo e de boa vontade me emprestou o sobressalente. Eu o colocava na sala enquanto via televisão ou lia à noite, e depois levava até o quarto para ajudar a me aquecer e dormir confortavelmente. Jonas aplicou um material isolante em torno da porta e janelas depois que Birutė, a quem expliquei o problema do frio constante, interveio a meu favor. Afora o rigor do frio, eu adorei o clima de inverno: a sensação revigorante de pisar sobre vários centímetros de neve recém-caída no caminho para o trabalho e a visão do branco claro e brilhante em toda a minha volta. À noite, às vezes eu vestia o sobretudo e botas e caminhava pelas ruas tranqüilas, enquanto flocos de neve caíam ao redor de minha cabeça. Eu parava embaixo de um poste com luz brilhante, olhava para o céu que parecia que iria a qualquer momento cair sobre mim, esticava os braços e rodava em círculos.

Em dezembro, ao se aproximar o Natal, as mulheres no centro perguntaram pelos meus planos para a estação festiva. Percebi que aquele seria meu primeiro Natal longe de minha família e entendi que esta era uma época especial a ser compartilhada com os outros. Uma de minhas colegas do centro,

Audronė, insistiu que eu fosse passar a festa com ela e sua família, e aceitei com gratidão. Na Lituânia, a véspera de Natal é bem mais importante do que o dia de Natal, e os preparativos levam horas. A casa passa por uma faxina e todos devem tomar banho e trajar roupas limpas para a ceia. Audronė e seu marido me apanharam de carro e me levaram à sua casa num grande prédio de apartamentos. Ao saltarem do carro, notei que seu marido era extremamente alto: quase dois metros de altura. Lembrou-me um número 9.

Lá dentro, conheci o filho e a mãe de Audronė. Todos estavam sorrindo e pareciam contentes de me conhecer. O corredor que dava para a sala era comprido, escuro e estreito, mas ao percorrê-lo devagar a penumbra foi-se desfazendo, até eu ser recebido subitamente por uma torrente de luzes e cores brilhantes e estonteantes. Uma mesa comprida no meio da sala estava coberta com uma toalha de linho impecável com palha espalhada por baixo. Explicaram que era para lembrar que Jesus nasceu num estábulo e foi colocado numa manjedoura com palha. Havia 12 pratos diferentes sobre a mesa, todos sem carne (o número representa os 12 apóstolos). Incluíam arenque salgado, peixe, salada de inverno de legumes, batatas cozidas, chucrute, pão, pudim de amoras e leite de sementes de papoula. Antes de comer, o marido de Audronė pegou um prato de hóstias e ofereceu a cada pessoa à mesa, inclusive eu. Ele então ofereceu sua hóstia a Audronė, que tirou um pedaço e ofereceu sua hóstia em retribuição para ele. Isto continuou, até que cada pessoa tivesse tirado um pedaço da hóstia de todos os outros. Não havia uma ordem específica em que cada prato devesse ser comido, mas me informaram que o costume era experimentar ao menos um pouco de cada comida. Cada uma simbolizava algo importante para o ano à frente: o pão, por exemplo, representava o sustento nos meses seguintes, as batatas, a humildade. Minha favorita foi o leite de sementes de papoula — *aguonu pienas,* em lituano — servido com bolinhas de massa de pão. O leite é preparado moendo-se as sementes de papoula escaldadas e misturando com água, açúcar ou mel, e nozes. Durante a refeição, Audronė explicou-me algumas crenças lituanas tradicionais que cercam o Natal. Por exemplo, acredita-se que, à meia-noite, todas as águas nos riachos, rios, lagos e poços se transformam em vinho, mesmo que apenas por um instante. Outra crença é que à meia-noite os animais conseguem falar, embora as pessoas não se animem a tentar escutá-los. No dia seguinte, 25 de dezembro, a família levou-me a um parque coberto de neve, onde caminhamos e conversamos à beira de um enorme lago congelado. Um Natal memorável.

Uma das experiências mais recompensadoras para mim da vida na Lituânia foi aprender a língua do país. Quando eu informei no princípio às mulheres do centro que queria aprender a falar lituano, ficaram intrigadas: por que cargas d'água eu queria aprender uma língua tão insignificante e difícil? Era verdade que muitos lituanos falavam inglês suficiente para eu não precisar aprender lituano. De fato, nenhum dos outros voluntários britânicos, nem mesmo Neil, o voluntário do U.S. Peace Corps, sabia falar mais do que algumas poucas palavras. Considerava-se muito estranho um estrangeiro querer ainda que tentar aprender lituano. Mesmo assim, era a língua que eu ouvia à minha volta todos os dias e eu sabia que me sentiria mais à vontade, mais em casa, na Lituânia se pudesse falar com meus amigos, alunos e colegas do centro em seu próprio idioma.

Birutė adorou ensinar-me. Ela se orgulhava muito de sua língua e gostou de discutir e falar comigo em lituano. Eu anotava as palavras à medida que aprendia para ajudar a visualizar e lembrar, e lia livros infantis que as filhas de Birutė haviam lido quando crianças. Birutė também me ensinou uns versinhos infantis lituanos:

Mano batai buvo du
Vienas dingo, nerandu.
Aš su vienu batuku
Niekur eiti negaliu!

Que significam: "Eu tinha dois sapatos, um deles sumiu, não consigo encontrar. Com um só sapatinho não posso ir a lugar nenhum!"

Poucos dias depois de começar a aprender a língua com a ajuda de Birutė, eu já conseguia formar minhas próprias frases, o que a surpreendeu no início, e em poucas semanas era capaz de conversar comodamente com falantes nativos. O que me ajudou muito foi eu ter pedido aos colegas do centro que falassem comigo o máximo possível em lituano. Todo mundo com quem eu falava me elogiava pela capacidade de falar um lituano correto, inclusive uma de minhas vizinhas idosas, especialmente surpresa com o fato de um jovem inglês conseguir conversar com ela em sua própria língua. Falar lituano também me ajudou certa vez em que fui convidado com os outros voluntários a comer num restaurante. O garçom não entendia inglês, o que desapontou os voluntários, de modo que traduzi o pedido em lituano para ele. Eu não me importava de ter que agir como intérprete para os outros voluntários, porque achava muito interessante a experiência, mais uma oportunidade de praticar minhas habilidades lingüísticas.

Certa vez, cheguei a ser confundido com um lituano nativo. Um dia, ao voltar do centro para casa, um homem me abordou perguntando qual o caminho para certo lugar, persistindo mesmo depois que respondi várias vezes em lituano que eu não conhecia aquele endereço. No final, parei e disse: "*Atsiprašau, bet tikrai nežinau. Aš nesu Lietuvis. Esu iš Anglijos.*" ("Desculpe, mas realmente não sei. Não sou lituano. Sou da Inglaterra.") Seus olhos se arregalaram, e ele se desculpou e seguiu caminho.

Na primavera, eu havia me adaptado completamente à minha vida na Lituânia. Gradualmente, desenvolvi rotinas que me davam uma sensação de calma e segurança, ajudando a enfrentar a mudança. De manhã cedo, antes do sol nascer, eu acordava, vestia algumas roupas folgadas e quentes, e saía por uma longa caminhada pelas ruas até um parque local repleto de carvalhos. As árvores altas, como se quisessem alcançar o céu, ajudavam a me sentir seguro enquanto seguia o mesmo percurso, tantas vezes trilhado, ao redor delas no início de cada dia. Após voltar ao apartamento para me lavar ou tomar banho e me vestir para o trabalho, subia a pé a estrada longa e íngreme até o centro, onde me sentava e bebia café, enquanto as mulheres fofocavam sobre assuntos pessoais que não me interessavam. Neil vinha sofrendo, nos últimos meses desde o Natal, de terríveis dores nas costas, não adiantando as numerosas visitas a médicos. Acabou tendo de voltar aos Estados Unidos para se tratar. Eu assumi suas turmas para tapar o buraco, o que significou que eu dava aulas de inglês nas manhãs e tardes de quase todos os dias da semana. Ocorreram outras mudanças também: o marido de Birutė adoecera gravemente e ela teve de parar de assistir às minhas aulas para cuidar dele. No almoço, eu costumava permanecer no centro e comia sanduíches preparados na noite anterior, embora ocasionalmente almoçasse no café local com Žygintas, que trabalhava perto do centro. Após o trabalho, comprava *nuggets* de peixe, pão, queijo e outros itens essenciais, antes de voltar a pé para casa a fim de preparar e comer o jantar, ler e ver televisão antes de dormir. Não me importava em ficar mais tempo sozinho, embora sentisse falta de Birutė e esperasse vê-la de novo em breve.

No verão, o trabalho no centro se reduzia ao mínimo, pois os alunos partiam para longas férias no litoral com suas famílias. A família de Žygintas, como muitos lituanos, possuía uma casa de verão no campo e convidou-me para fazer uma visita. Ele me instruiu a pegar um ônibus que passava perto de minha casa e prometeu me apanhar e me levar de carro o resto do caminho depois que eu chegasse ao ponto de encontro combinado. O ônibus era velho e sacolejante, e logo fui parar fora das cidades, em estradas longas e enlameadas cercadas apenas por árvores e campos. Žygintas havia fornecido um nome para eu procurar, mas não o vi em lugar nenhum e estava nervoso demais para perguntar a alguém. Portanto, fiquei sentado esperando e torcendo. O ônibus acabou chegando numa parada perto de uma série de prédios de madeira, a primeira que vi em meia hora. Então, reuni toda a minha coragem, levantei e expliquei em lituano que estava perdido. Os outros três passageiros ficaram olhando para mim, de modo que saltei do ônibus e fiquei contando números, porque estava tremendo e não sabia o que fazer. Aí o motorista veio em minha direção e, sem dizer nenhuma palavra, apontou para uma tabela de horários. O nome dado por Žygintas não constava. Olhei o relógio: estava uma hora atrasado para meu encontro com ele. Caminhei para dentro do primeiro prédio e expliquei a situação em lituano para uma mulher de pé atrás de um balcão. Ela balançou a cabeça negativamente e não respondeu. Tentei de novo, repetindo o que havia dito, mas de novo ela fez que não com a cabeça. Aí, desesperado, tentei o inglês. "Você tem um telefone?", perguntei. Ao ouvir a palavra "telefone", ela de repente fez um gesto de sim com a cabeça e apontou para um aparelho preto num canto. Corri até lá e disquei o número de Žygintas. "Onde você está?", ele me perguntou, e forneci o nome que vi na tabela de horários lá fora. "Como foi parar aí?", ele perguntou, e após: "Espera aí, vou pegar você." Meia hora depois, seu carro apareceu e ele me levou até sua casa de verão. No caminho, Žygintas explicou que eu fui parar em uma das partes do interior da Lituânia habitada por falantes de russo, que não entendiam lituano. O atraso abreviou a visita à casa, mas conheci a família de Žygintas e cheguei bem na hora do churrasco, seguido de alguns mergulhos num rio próximo.

Birutė também quis que eu fosse passar algum tempo na casa de verão de sua família. Lá, ela me apresentou à irmã, uma poetisa. Enquanto bebíamos xícaras de café, esta recitou alguns de seus poemas para nós e depois caminhamos juntos ao longo de um lago de águas límpidas e azuis. No céu sem nuvens, o sol brilhava forte, sua luz cintilando na superfície da água como fragmentos solares. Com a passagem do dia, Birutė convidou-me para irmos a um ponto próximo onde poderíamos sentar e ver o pôr-do-sol. Aquele foi nosso primeiro encontro em várias semanas, e também o último, porque meu contrato de voluntário vencera e estava na hora de voltar para casa. Birutė contou que nossa amizade fora muito importante, até porque aquela época havia sido, em grande parte, difícil para ela. Sentia que eu crescera muito no período em que me conheceu. Eu sabia disso também, e sentira por algum tempo que não foi apenas o meu dia-a-dia que mudara com a decisão de vir morar na Lituânia. Eu próprio havia mudado e de algum modo me renovara. Enquanto ficamos sentados juntos em silêncio, contemplando o sol de verão afundando, os nossos corações não estavam oprimidos, porque sabíamos que, embora uma aventura estivesse se encerrando, outra iria começar.

8
Apaixonado

Nunca é fácil dizer adeus, particularmente a um país que se tornou um lar longe do lar, como a Lituânia se tornou para mim no ano anterior. Num dia quente de julho, subi a avenida até o meu trabalho pela última vez. No centro, Liuda e os outros voluntários haviam-se reunido na sala de aula para se despedirem de mim. Agradeci a cada um em lituano pela ajuda e gentileza para comigo. Liuda entregou-me um diário ilustrado com capa de couro como presente de despedida e disse que esperava que eu o enchesse de novas idéias e futuras aventuras. Uma parte de mim estava triste por partir, mas, por dentro, eu sabia que havia alcançado tudo — pessoalmente tanto quanto profissionalmente — que poderia ali, e que estava na hora de seguir em frente.

O vôo de volta para Londres parecia que nunca ia terminar. Passei parte do tempo lendo e relendo uma carta enviada uma semana antes por meus pais. Pouco depois de minha partida para a Lituânia, meu pai ouvira falar de uma casa grande e recém-construída disponível para alugar nas redondezas. Na verdade, eram duas casas juntadas em uma, com seis quartos de dormir e dois banheiros. A propriedade caíra do céu para a família, que se mudou para lá pouco depois. Foi para este novo endereço que eu estava retornando, e com a carta veio uma foto da casa e explicações de como chegar lá.

Um rosto familiar, meu amigo Rehan, me aguardava no aeroporto. Tínhamos mantido contato via cartões-postais durante a minha estadia no exterior, mas mesmo assim foi bom vê-lo pessoalmente após tanto tempo. Como fizera para mim anos antes, Rehan serviu como meu guia pelo labirinto do metrô. Enquanto estávamos sentados no trem, ouviu com paciência meu relato sobre o período que passei na cidade de Kaunas e pediu para ver as fotos dos diferentes lugares e pessoas que encontrei. Pouco tempo depois, levantou-se rápido e disse que estávamos chegando à minha estação. Mal deu tempo para reunir minhas malas e agradecer pela companhia. Assim que saí da plataforma e olhei para trás, o trem já havia partido, seu esboço rapidamente desaparecendo na escuridão do túnel em frente.

A rua lá fora era totalmente estranha para mim. Caminhei por um longo tempo até perceber que estava perdido: o nome da via aonde cheguei não era o mesmo da carta dos meus pais. Talvez eu tivesse dobrado no lugar errado. Nervoso, pedi ajuda a um transeunte. "Vá em frente e dobre à direita na próxima esquina", ele explicou. Ao passar pelo nome da rua certo, de repente me ocorreu quão estranho era eu ter de perguntar onde ficava a rua de minha própria família.

A família estava radiante por me ver e passamos horas felizes contando as novidades. Alguns dos meus irmãos e irmãs observaram que eu adquirira um ligeiro sotaque, o que talvez não surpreendesse, porque eu estivera distante um longo tempo e falara mais lituano do que inglês naquele período. Minha mãe mostrou-me a casa e meu novo quarto, situado nos fundos, longe da rua, o cômodo mais silencioso da casa. Achei pequeno, especialmente após todo o espaço que tive na Lituânia, embora sobrasse espaço suficiente além da cama para uma mesa, cadeira e uma TV pequena. Gostei do fato de ter um novo quarto; um sinal tangível de que o retorno ao Reino Unido foi um passo à frente na minha vida e não uma volta ao passado. Aquilo foi um recomeço.

Houve um período de ajuste ao local novo. Viver sozinho me proporcionara uma sensação real de liberdade e eu gostara do controle que pudera exercer sobre meu ambiente imediato, sem ter de enfrentar o barulho ou a imprevisibilidade das outras pessoas. De início, foi difícil acostumar-me à barulheira de meus irmãos e irmãs subindo e descendo correndo as escadas ou discutindo. Minha mãe pediu que cada um deles respeitasse a minha necessidade de sossego e na maior parte do tempo eles atenderam ao pedido.

Minhas experiências no estrangeiro haviam sem dúvida me modificado. Em primeiro lugar, eu aprendera muito sobre mim mesmo. Eu conseguia enxergar, com mais clareza do que nunca, como as minhas "diferenças" afetavam o meu dia-a-dia, especialmente a interação com outras pessoas. Passara a entender a amizade como um processo delicado e gradual. A gente não deve tentar agarrá-la ou obtê-la às pressas, e sim permitir e encorajar que amadureça naturalmente com o tempo. Eu a imaginei como uma borboleta, ao mesmo tempo bonita e frágil: depois que levantava vôo, pertencia ao ar, e qualquer tentativa de agarrá-la apenas a destruiria. Lembrei como, no passado, na escola, perdi amigos potenciais porque, na falta do instinto social, forcei a barra, passando uma impressão totalmente errada.

A Lituânia também me permitira pensar em mim mesmo e me conciliar com minha "diferença", ao mostrar que não se tratava necessariamente de algo negativo. Como um estrangeiro, fui capaz de lecionar inglês aos meus alunos lituanos e contar-lhes sobre a vida na Grã-Bretanha. Não ser igual a todos os outros havia sido uma vantagem positiva para mim em Kaunas e uma oportunidade de ajudar as pessoas.

Eu agora também dispunha de um banco de dados de experiências bem variadas que poderia consultar em todos os tipos de situações futuras. Aquilo aumentou minha confiança na capacidade de enfrentar o que a vida me reservasse. O futuro não era mais algo a temer. Em meu quartinho em casa, senti-me mais livre do que nunca.

Como um voluntário que retornou, eu tinha direito a uma gratificação de final de serviço, em troca da qual deveria escrever sobre minha experiência na Lituânia e as coisas que aprendi lá. Enviei todos os formulários e aguardei. Nesse ínterim, encontrei um trabalho de preceptor ajudando crianças locais na leitura, redação e aritmética.Vários meses após a solicitação, recebi enfim a gratificação no início de 2000. Era a quantia exata para comprar um computador: a realização de um sonho e o primeiro computador da minha família. Uma vez chegado e desembalado, levei algum tempo, com ajuda dos irmãos e do meu pai, para montar todos os componentes e fazê-lo funcionar. Pela primeira vez, pude acessar a *World Wide Web*, e fiquei encantado com a riqueza de informações disponíveis ao clicar de um *mouse*: enciclopédias *on-line*, dicionários, listas de trívias, quebra-cabeças numéricos e de palavras — estava tudo ali. Bem como os quadros de mensagens e as salas de bate-papo.

Para os indivíduos no espectro autístico, a comunicação com outras pessoas pela Internet tem algo de empolgante e tranqüilizador. Em primeiro lugar, conversar em salas de bate-papo ou por *e-mail*, ao contrário de outras situações sociais, não requer que você saiba como puxar uma conversa ou quando sorrir ou as numerosas complexidades da linguagem corporal. Não há contato visual e você consegue entender cada palavra da outra pessoa, porque está tudo escrito. O uso de "*emoticons*", como ☺ e ☹, nas conversas em salas de bate-papo, também ajuda a saber como a outra pessoa está se sentindo, porque ela informa por um método visual simples.

Conheci o meu companheiro, Neil, pelo computador no outono de 2000. Ele escreve programas de *software* profissionalmente, usando portanto o computador todo dia. Como eu, Neil é muito tímido e achava que a Internet o ajudava a conhecer pessoas e fazer amigos. Quase imediatamente, passamos a trocar *e-mails* diários, escrevendo sobre tudo: dos nomes de nossas canções favoritas às nossas esperanças e sonhos para o futuro. Tínhamos muito em comum e em pouco tempo ele sugeriu que trocássemos fotos e nossos telefones. Neil era bonito: alto, cabelos escuros abundantes e olhos azuis brilhantes, e quando falei com ele ao telefone foi sempre extremamente paciente, gentil e não se importou em falar quase o tempo todo. Tinha quase a mesma idade que eu, 24 anos, e vivia e trabalhava em Kent, não muito longe de minha casa em Londres. Quanto mais vim a saber sobre ele, lembro que mais eu pensava comigo mesmo: achei minha alma gêmea.

Apaixonar-se é diferente de qualquer outra coisa; não existe uma forma certa ou errada de se apaixonar por outra pessoa, nem uma equação matemática para o amor e o relacionamento perfeito. Emoções que eu não experimentara nos anos depois de minha paquera de adolescência senti agora súbita e fortemente, por momentos longos e persistentes, tão profundamente que doíam. Não conseguia parar de pensar em Neil, não importava o que eu fizesse, e em conseqüência disso achava difícil até comer ou dormir direito. Quando ele me perguntou, num *e-mail* no início de 2001, se poderíamos nos encontrar, apesar de tudo, hesitei. E se o encontro fosse ruim? E se eu falasse ou fizesse a coisa errada? Eu era alguém capaz de ser amado? Eu não sabia.

Antes de responder a Neil, decidi que precisava conversar com meus pais sobre o assunto, o que significava que eu precisava confrontá-los com a verdade a meu respeito. A casa estava tranqüila naquela tarde; meus irmãos e irmãs estavam todos brincando no jardim ou lá em cima, nos quartos, enquanto meus pais viam televisão na sala. Eu havia ensaiado o que queria dizer várias vezes na minha cabeça, mas ao entrar no aposento senti mesmo assim uma pontada de náusea, porque não fazia nenhuma idéia de qual seria a reação deles, e não gosto de situações em que tudo pode acontecer, porque me deixam zonzo e nauseado. Querendo a plena atenção deles, fui até o aparelho de TV e o desliguei. Meu pai começou a reclamar, mas minha mãe simplesmente ergueu o olhar e esperou eu falar. Abrindo meus lábios, ouvi minha voz — calma e rápida — contar que eu era *gay* e que conhecera alguém de quem gostava muito. Houve um breve silêncio em que ambos permaneceram calados, simplesmente me olhando. Então minha mãe disse que aquilo não era problema e que queria que eu fosse feliz. A reação de meu pai também foi positiva, dizendo que esperava que eu conhecesse alguém que amasse e que me amasse em troca. Eu também esperava aquilo.

Na semana seguinte, concordei em encontrar Neil. Numa manhã fria de janeiro, aguardei-o em frente à minha casa, envolto num sobretudo grosso e usando gorro e luvas. Pouco antes das dez horas, ele chegou de carro e saltou. Suas primeiras palavras para mim ao darmos as mãos foram: "A foto não é fiel a você." Sorri, embora não houvesse entendido a frase. Neil sugeriu levar-me de carro até sua casa em Kent naquele dia, de modo que sentei no banco do carona e partimos. Foi uma viagem singular. Após alguns minutos de conversa, ele caiu no silêncio e eu não sabia como recomeçar a conversa, e fiquei ali sentado. Estava me sentindo muito nervoso, pensando comigo: ele não deve ter gostado de mim. Tínhamos andado mais de uma hora quando chegamos na casa de Neil em Ashford, uma cidade-mercado no centro de Kent. Só então ele se inclinou para o banco de trás, pegou um bonito buquê de flores e me entregou. Afinal, ele havia gostado de mim.

A casa de Neil fazia parte de um condomínio moderno, cercado de outras casas de aspecto idêntico e um pequeno parque próximo, com um laguinho, balanços e um carrossel. Dentro da casa, havia papel de parede listrado, um tapete vermelho e uma gata de pêlo preto e branco chamada Jay. Ajoelhei-me para acariciar sua cabeça e ela começou a ronronar. Neil levou-me para a sala de estar, onde nos sentamos em lados opostos do sofá e conversamos. Após algum tempo, ele perguntou se eu queria ouvir música. Gradual e inconscientemente, fomos nos aproximando cada vez mais no sofá, até que Neil estava me abraçando, enquanto eu repousava a cabeça no seu ombro, olhos fechados, ouvindo as canções. Logo depois nos beijamos. Decidimos naquele momento que nascemos um para o outro. Foi o início de algo importante.

Neil não teve dificuldade em me aceitar como sou. Ele também sofrera zombarias na escola, sentindo na pele como é ser diferente dos colegas. Ele próprio é uma pessoa caseira e não se importou por eu preferir a tranqüilidade e a segurança do lar ao burburinho dos *pubs* e *clubs*. Mas o mais importante foi que ele — assim como eu — havia atingido uma encruzilhada na vida e não estava seguro quanto ao caminho a seguir. Através de nosso encontro casual pelo computador, ambos havíamos descoberto, para nossa surpresa e alegria mútua, aquilo que vinha faltando em nossas vidas: o amor romântico.

Nas semanas seguintes, continuamos trocando *e-mails* diários e conversando regularmente pelo telefone. Sempre que podia, Neil vinha de carro me ver. Seis meses após nosso primeiro encontro, depois de discutirmos longamente o assunto, tomei a decisão de me mudar para Kent a fim de morar com Neil. Fui até a cozinha um dia e contei sem rodeios à minha mãe: "Vou me mudar." Meus pais ficaram contentes por mim, mas também preocupados: como eu enfrentaria um relacionamento com todos os altos e baixos e responsabilidades envolvidos? O que importava na época era aquilo que eu sabia ser absolutamente verdadeiro: que Neil era uma pessoa muito especial, que eu nunca sentira por ninguém o que sentia por ele, que nos amávamos muito e queríamos estar juntos.

Os primeiros meses após a mudança nem sempre foram fáceis. Sobreviver com um único salário nos obrigava a sermos cautelosos nos gastos. Decorreriam mais de dois anos e meio até que conseguíssemos tirar as nossas primeiras férias juntos. Durante o dia, enquanto Neil trabalhava em seu escritório na vizinha Ramsgate, eu cuidava das tarefas domésticas e cozinhava à noite. Também escrevia para todas as bibliotecas da área em busca de emprego, pois queria muito trabalhar e contribuir ao máximo com as despesas da casa. Certa manhã, recebi uma carta pelo correio informando que havia sido selecionado para uma entrevista num escritório de serviços de biblioteca, onde livros novos eram localizados, classificados e organizados para exposição. No dia da entrevista, Neil me emprestou uma de suas gravatas, ajeitou-a em mim e deu instruções por escrito do percurso de ônibus até o endereço fornecido na carta. Embora eu tenha me perdido em meio a vários prédios à procura do certo, acabei chegando para a entrevista com a ajuda de um membro da equipe que me conduziu até a porta correta.

Havia uma comissão de três entrevistadoras. Quando uma delas começou a falar, notei que tinha um sotaque e perguntei sobre isso. Quando ela respondeu que vinha da Finlândia, país sobre o qual, quando criança, eu lera bastante na biblioteca, passei a discorrer sem parar sobre tudo que eu sabia de seu país natal e até falei um pouco de finlandês com ela. A entrevista não durou muito (o que me pareceu um sinal positivo) e saí de lá empolgado. Afinal, eu me lembrara de manter contato visual, vestira-me elegantemente e me mostrara amigável. Senti-me arrasado quando, alguns dias depois, recebi um telefonema informando que eu não havia sido selecionado para o cargo. Dezenas de solicitações detalhadas e manuscritas para outros cargos em bibliotecas, escolas e faculdades nos meses seguintes foram rejeitadas ou ficaram sem resposta.

Infelizmente, minha experiência é comum. Uma pesquisa de 2001 da National Autistic Society do Reino Unido indicou que somente 12% dos portadores de autismo de alto nível funcional ou síndrome de Asperger possuíam empregos em tempo integral. Em contraste, 49% das pessoas com outras deficiências e 81% das pessoas não deficientes tinham um emprego em 2003, segundo o Office for National Statistics do Reino Unido. Vários são os motivos para essa disparidade. Indivíduos com um distúrbio no espectro autístico costumam ter problemas em descobrir as oportunidades de emprego ou entender o jargão confuso que aparece com freqüência nos anúncios de vagas disponíveis. As entrevistas de seleção requerem habilidades de comunicação e interação social, áreas de dificuldade específica para alguém com autismo. O formulário de Informações sobre Empregos da National Autistic Society sugere um teste prático em vez da entrevista formal como uma alternativa mais justa. As perguntas de uma entrevista também podem ser difíceis de serem acompanhadas e respondidas adequadamente. Várias das perguntas que me fizeram na entrevista envolviam situações hipotéticas, que achei muito difícil de imaginar, conseguindo dar apenas uma resposta sucinta. Seria bem melhor se as perguntas se concentrassem na experiência passada real, de modo a demonstrar o que a pessoa já sabe.

As pessoas no espectro autístico podem trazer muitos benefícios a um cargo em uma empresa ou organização: confiabilidade, honestidade, alto nível de precisão, atenção considerável aos detalhes e bom conhecimento de diferentes fatos e cifras. As empresas que empregam indivíduos com autismo/síndrome de Asperger ajudam a aumentar a consciência da diversidade entre seu pessoal, enquanto gerentes com funcionários autistas costumam constatar que eles aprendem a se comunicar mais eficazmente com a equipe toda.

A falta de dinheiro não foi um problema insuperável para nós. Em particular, Neil sempre se esforçava ao máximo para me encorajar e apoiar, me acalmando quando me sentia frustrado ou triste e gentilmente me estimulando a ter uma visão construtiva do futuro.

No Natal de 2001, fui apresentado aos pais e à família de Neil. Senti-me bem nervoso, mas Neil falou repetidas vezes que não havia motivo para me preocupar. Fomos de carro à casa de seus pais, não muito longe de nossa própria, onde fomos recebidos na porta por sua mãe, que me mostrou a casa e me apresentou aos demais membros da família: o pai, o irmão, a cunhada e a jovem sobrinha de Neil. Todos estavam sorrindo, e me senti calmo e contente. Após uma farta e suculenta refeição, trocamos cartões e presentes. No dia seguinte, Neil levou-nos de carro até Londres a fim de visitarmos a minha família, e foi a vez de Neil ser apresentado aos meus pais, irmãos e irmãs, todos empolgados por conhecê-lo. O apoio de ambas as nossas famílias foi muito importante para mim e Neil.

No verão seguinte, mudamo-nos para uma cidade litorânea pequena e tranqüila chamada Herne Bay, perto da cidade histórica de Canterbury. Mudar de casa é sempre um período bem estressante na vida de uma pessoa, e comigo não foi diferente. As primeiras semanas após chegarmos na casa nova foram bem tumultuadas, com móveis, tinta e caixas espalhados por toda a casa e poucas oportunidades para dar um tempo e relaxar. Quando Neil estava ocupado com algo prático, eu ajudava preparando comida e chá, e pegando coisas pela casa para ele. Isto também me ajudou a esquecer a ansiedade que vinha sentindo, fazendo-me concentrar naquilo que conseguia fazer, em vez de me preocupar com aquilo que não conseguia. Foi empolgante observar a transformação à medida que a casa foi-se tornando um lar.

É muita sorte ter o grupo pequeno de amigos íntimos que possuo. Com o *e-mail*, consigo me manter em contato regular ou irregular com amigos distantes, como Rehan e Birutė. As amizades mais recentes foram todas fortuitas, de certa forma, como um maravilhoso presente surpresa. Por exemplo, um de meus melhores amigos atualmente (seu nome é Ian) foi um vizinho de infância de Neil. Um dia, pouco depois da mudança para Herne Bay, recebemos um cartão-postal dele, repassado pelos pais de Neil. Ian e Neil não se viam havia quinze anos, mas quando o convidamos para nos visitar uma noite, foi como se nunca tivessem estado distantes. Logo percebemos que eu tinha muito em comum com Ian, como o amor pelos livros e por história, e desde então somos bons amigos.

Adoro quando descubro que posso aplicar algumas das minhas habilidades para ajudar os amigos. Quando Ian se casou recentemente com uma mulher romena, perguntou se eu poderia ajudá-lo a enfrentar o desafio de aprender um pouco a língua-mãe de sua recente esposa. Em troca, Ian me leva para jogar golfe nos fins de semana. Não sou um jogador exímio, embora minhas tacadas sejam boas. Às vezes, Ian fica intrigado quando me vê andando para trás na área perto do buraco. O que estou fazendo é sentindo como o solo se move por meus pés. Com isto, tenho uma idéia melhor de como a bola se moverá quando eu a atingir com meu taco. Comigo, esse método funciona.

Nossos amigos sabem que sou portador da síndrome de Asperger e tentam, na medida do possível, assegurar que eu me sinta à vontade em qualquer situação social em sua companhia. Às vezes arranjam encontros sociais que sabem que eu apreciarei tanto quanto eles. Todo ano, Neil e outro amigo chamado Ian organizam uma caça ao tesouro através do seu Mini Car Club e me convidam para participar. Cada equipe recebe uma lista de pistas e perguntas que são solucionadas indo de carro a diferentes locais marcados num mapa e descobrindo as respostas. Por exemplo, uma pista pode dizer: "Acomodação de um eqüino jovem", cuja resposta é revelada ao se passar de carro por um *pub* chamado Colt's House [literalmente, "Casa do Potro"]. Enquanto Ian dirige, Neil dá as coordenadas e eu ajudo a encontrar e entender as respostas às perguntas. É bom fazer algo que todos podem curtir por diferentes razões.

Sempre que visitamos nossos amigos, costumamos jogar algo após o jantar, como cartas ou o jogo de perguntas e respostas *Trivial Pursuit*. Segundo Neil, por educação você deve deixar os anfitriões ganharem, mas não entendo isto: afinal, se você sabe a resposta de uma pergunta, por que calar?

Adoro jogos de perguntas e programas como *Show do milhão*. Geralmente sei as respostas da maioria das perguntas, mas tenho meus pontos fracos, como música *pop* e ficção. Minhas perguntas favoritas são aquelas envolvendo datas ("Em que ano o Campeonato Mundial de Sinuca ocorreu no Crucible Theater?" Resposta: 1977) ou cronologias ("Ponha estes quatro acontecimentos históricos na ordem em que ocorreram.")

Pouco depois da mudança para Herne Bay, Neil e eu decidimos trabalhar juntos numa idéia que tinha de criar um *site* educativo com cursos *on-line* de idiomas. Neil, com seu trabalho em informática, seria responsável por todos os detalhes técnicos, enquanto eu redigiria o conteúdo do *site* e os cursos. Após alguma reflexão, escolhi o nome *Optimnem* para o *site*, a partir de Mnemosyne, a inventora das palavras e da língua na mitologia grega. Os alunos recebem cada lição por *e-mail* junto com clipes de áudio gravados por falantes nativos, montes de exemplos escritos da língua e exercícios que ajudam a praticar e revisar cada etapa do curso. Ao criar cada um dos cursos, pude me valer da experiência adquirida como professor na Lituânia e como preceptor. Ela me ajudou a concentrar nas partes do aprendizado de línguas que as pessoas costumam achar mais difíceis. Eu também queria redigir cursos que refletissem minhas próprias experiências pessoais como um estudante no espectro autístico. Por estas razões, cada curso é dividido em grupos de informações facilmente digeríveis. As lições evitam jargões como "nominativo" e "genitivo" ou "conjugação verbal". Pelo contrário, tentam explicar em linguagem simples e clara como as palavras mudam, dependendo, por exemplo, da posição na frase. A grande quantidade de exemplos escritos também permite aos alunos verem a língua em ação em várias situações diferentes, e é mais fácil lembrar o vocabulário novo quando apresentado visualmente e em contexto. O *site* (www.optimnem.co.uk) foi lançado em setembro de 2002 e se mostrou um sucesso, com milhares de alunos de todas as idades do mundo inteiro e milhões de acessos. Optimnem está agora no seu quarto ano e é um membro aprovado da rede National Grid for Learning do Reino Unido, um portal financiado pelo governo que proporciona "um acesso a conteúdo educacionalmente valioso na Internet".

O sucesso do *site* significou que eu estava trabalhando e ganhando dinheiro, algo que me deixou orgulhoso e empolgado. Tive também o benefício de trabalhar em casa, definitivamente uma vantagem para mim devido à ansiedade que sinto num ambiente que não consiga controlar e no qual não me sinta à vontade. Estou contente por trabalhar por conta própria, embora sem dúvida não seja uma opção fácil, pois desta maneira é bem mais difícil alcançar a independência financeira.

Neil agora também trabalha em casa, só precisando se deslocar ao escritório de Ramsgate uma vez por semana. Num dia de semana comum, sento-me ao computador na mesa de cozinha nos fundos da casa com uma bonita vista do jardim, enquanto Neil trabalha no escritório (um quarto convertido) que temos no andar de cima. Caso eu precise de ajuda sobre algo relacionado ao *site*, é só subir as escadas e perguntar a ele. Gostamos de nos ver com freqüência, embora eu saiba que este esquema não funcionaria para todos os relacionamentos. No almoço, sentamo-nos juntos e conversamos, enquanto comemos sanduíches ou sopa, preparados por mim. Neil não se incomoda de compartilhar ocasionalmente as minhas rotinas diárias obsessivas: beber chá comigo nas mesmas horas todo dia, por exemplo. Após o trabalho, preparamos o jantar juntos na cozinha, o que nos dá uma chance de relaxarmos e pensarmos em outras coisas.

Sempre adorei animais, do meu fascínio na infância pelas joaninhas aos programas sobre a vida selvagem na televisão pelos quais sou apaixonado. Acho que um dos motivos disto é que os animais costumam ser mais pacientes e tolerantes do que muitas pessoas. Quando vim morar com Neil, eu passava muito tempo com sua gata, Jay. Naquela época, com pouco menos de dois anos, ela era muito arredia, preferindo passar o tempo perambulando pelos jardins vizinhos e rosnando sempre que Neil tentava fazer carinho ou segurá-la. Na época, Neil trabalhava regularmente no escritório, ficando longe de casa dez ou mais horas por dia. Antes da minha chegada, Jay havia portanto passado seus primeiros anos formativos quase sempre sozinha. Deve ter sido uma surpresa — e um choque — descobrir de repente que agora tinha companhia o dia inteiro. De início, mantive certa distância, sabendo que ela não estava acostumada com alguém por perto regularmente. Preferi esperar que sua curiosidade natural entrasse em ação e, de fato, em pouco tempo ela começou a se aproximar de mim quando eu estava sentado na sala e a cheirar meus pés e mãos quando eu me abaixava para fazer carinho em seu nariz. Com o tempo, Jay foi ficando cada vez mais em casa. Sempre que ela entrava, eu me ajoelhava até meu rosto ficar no nível dela e lentamente estendia a mão ao redor de seu rosto, tocando-a do mesmo jeito que eu a observara tocando no pêlo das suas costas com a língua. Aí ela ronronava e abria e fechava os olhos sonolentos, e eu sabia que havia conquistado sua afeição.

Jay era uma gata inteligente e sensível. Às vezes, deitava-me no chão para ela se sentar no meu peito ou barriga e cochilar. Antes de se sentar, ela batia suavemente em mim com as patas. Trata-se de um comportamento comum nos gatos, e acredita-se que indique contentamento. Os motivos não são claros, embora a ação imite como um filhote estimula com as patas o fluxo de leite na teta da mãe. Depois que Jay se sentava sobre mim, eu fechava os olhos e diminuía a respiração, para que ela pensasse que eu também estava cochilando. Ela então se sentia tranqüila, porque sabia que eu não faria movimentos súbitos, relaxando e ficando perto de mim. Eu costumava usar um dos meus suéteres grossos e ásperos, mesmo fazendo calor, porque sabia que Jay preferia a sua textura às camisetas lisas ou outras roupas.

Apesar de toda a sua afeição, em alguns momentos Jay continuava distante e indiferente, especialmente em relação a Neil, algo que eu sabia que o aborrecia muito. Comentei com ele que Jay precisava de uma companhia, outro gato com quem interagir regularmente. Eu esperava que ela desenvolvesse habilidades sociais no processo e se tornasse mais dócil. Consultamos os anúncios do jornal local e vimos um do dono de uma gata que dera à luz uma ninhada recentemente. Telefonamos para lá e marcamos uma visita. Ao chegarmos na casa no dia seguinte, informaram que vários gatinhos já haviam sido vendidos, restando poucos. Apontei para uma gatinha preta miúda e assustada, e disseram que ninguém se interessara por ela por ser totalmente preta. Concordamos na hora em levá-la conosco para casa e demos a ela o nome Moomin. De início e previsivelmente, Jay desconfiou de sua nova irmã, sibilando e rosnando para ela a cada oportunidade. Com o tempo, porém, parou com aquilo e começou pelo menos a tolerar sua presença. O que se tornou mais encorajador, porém, foi a mudança gradual mas nítida na sua conduta geral: ela se tornou mais afetuosa, deixando que a pegássemos e segurássemos, e bem mais feliz, ronronando por longos e sonoros períodos e brincando com Moomin e conosco. Ela fazia um maravilhoso som *brrrp* sempre que nos via, e em resposta eu me agachava e esfregava o rosto no dela.

No verão de 2004, celebramos o quinto aniversário de Jay, presenteando-a com comida extra e brinquedos. Contudo, seu apetite parecia menor e a energia, abaixo do normal, o que atribuímos ao excesso de calor. Ela costumava se sentar ou dormir embaixo de algo: uma cama, uma mesa ou o porta-toalhas no banheiro. Eu entendia esse comportamento muito bem, porque quando criança também tinha rastejado para baixo da cama ou de uma mesa para me sentir mais calmo e seguro. Mas Jay fazia aquilo cada vez mais, afastando-se de nós no processo. Aí veio a doença. Ela vomitava repetidamente, mas só saía líquido. No início, aquilo foi um estorvo, mas quando vimos que era uma constante, começamos a nos preocupar. Àquela altura, ela também vinha perdendo peso e andando mais devagar pela casa. Neil levou-a ao veterinário, onde a deixamos para exames e observação. Logo soubemos que tinha uma infecção no rim, rara num gato tão jovem, e que precisaria de vários dias de internação para que fosse tratada. Telefonávamos diariamente para saber notícias dela e éramos informados de que seu estado era estável. Então, uma semana depois de a levarmos, recebemos um telefonema dizendo que Jay não vinha reagindo ao tratamento e que seria bom irmos vê-la.

Imediatamente entramos no carro e fomos até a veterinária. Uma mulher na recepção nos conduziu por um corredor estreito até um quarto tranqüilo e cinzento nos fundos do prédio, depois disse que nos deixaria sozinhos por alguns minutos e desapareceu. Mesmo naquele momento, não creio que tivesse me apercebido da gravidade da situação. Enquanto Neil e eu permanecíamos no meio do quarto em silêncio mútuo, vi Jay. Estava deitada imóvel num colchão branco cercada de tubos de plástico, rosnando fraca e repetidamente. Hesitando, estendi o braço e a toquei; sua pele estava oleosa e, por baixo, a gata estava magra e ossuda. Subitamente, como uma onda inesperada que atinge uma rocha, senti uma emoção por dentro grande demais para conter, meu rosto se umedeceu, e eu sabia que estava chorando. Neil foi até lá e olhou-a, depois ele também começou a chorar baixinho. Uma enfermeira entrou e disse que estavam fazendo todo o possível, mas a doença de Jay era rara e grave. Voltamos para casa e choramos de novo nos ombros um do outro. No dia seguinte, Neil recebeu uma ligação informando que Jay havia falecido. Muitas outras lágrimas rolaram nos dias seguintes, além do choque permanente de perder uma companheira tão adorada, de forma tão repentina e inesperada. Ela foi cremada, e enterramos suas cinzas no jardim com uma lápide de pedra em sua memória. A lápide diz: "Jay, 1999-2004. Sempre em nossos corações."

Nenhum relacionamento está livre de dificuldades, e isto é certamente verdadeiro quando uma ou ambas as pessoas envolvidas possuem um distúrbio no espectro autístico. Mesmo assim, acredito que o essencial ao sucesso de um relacionamento, mais do que a compatibilidade, é o amor. Quando você ama alguém, praticamente tudo é possível.

Existem situações aparentemente triviais em casa, como quando uma colher cai no chão enquanto estou lavando a louça, que me tiram do sério, e preciso dar uma parada e me acalmar antes de continuar. Mesmo uma pequena perda de controle inesperada pode ser esmagadora para mim, particularmente quando interfere com o ritmo de uma de minhas rotinas. Neil aprendeu a não interferir, mas esperar o problema passar, o que não costuma levar muito tempo, e sua paciência é de grande ajuda. Com seu apoio e compreensão, tais descontroles se tornaram menos freqüentes com o tempo.

Outras situações podem gerar altos níveis de ansiedade em mim. Por exemplo, se um amigo ou vizinho decide espontaneamente vir nos visitar. Embora contente por vê-lo, sinto que fico tenso e agitado, porque aquilo significa mudar a programação já fixada na minha cabeça para aquele dia, e ter de alterar meus planos é perturbador no meu caso. De novo, Neil me tranqüiliza e me ajuda a permanecer calmo.

Situações sociais podem ser problemáticas para mim. Quando vamos a um restaurante, prefiro sentar na mesa do canto ou colada à parede, para não ficar cercado por outros freqüentadores. Durante uma ida a um restaurante local, estávamos conversando e comendo tranqüilamente quando, de repente, senti cheiro de fumaça de cigarro. Não consegui ver de onde vinha, não havia previsto aquilo, e fiquei bem ansioso. Neil percebe quando isto acontece, porque já viu várias vezes: eu paro de fazer contato visual e me torno monossilábico. A única saída foi terminar a refeição e sair dali o mais rápido possível. Por sorte, ambos gostamos de passar muito tempo juntos em casa e não precisamos sair com freqüência. Quando saímos, geralmente é para um cinema ou um restaurante tranqüilo.

As conversas podem ser problemáticas entre nós devido às dificuldades de processamento auditivo que às vezes sinto. Neil diz algo para mim, eu respondo com um sinal de sim com a cabeça ou dizendo "sim" ou "OK", entretanto, mais tarde, percebo que não entendi suas palavras. Pode ser muito frustrante para ele gastar tempo explicando ou contando algo importante para mim e depois descobrir que não entendi. O problema é que não percebo que não estou ouvindo o que ele está dizendo. Com freqüência ouço fragmentos de cada frase, que meu cérebro automaticamente reúne, tentando dar sentido àquilo. Mas ao perder palavras-chave, muitas vezes não capto o verdadeiro conteúdo do que está sendo dito. Um gesto de sim com a cabeça e palavras como "OK" quando alguém fala comigo se tornaram, com o tempo, a minha forma de permitir que a comunicação com outra pessoa flua normalmente, sem que ela precise parar e constantemente repetir as coisas. Embora a tática quase sempre funcione para mim, aprendi que não é apropriada dentro de um relacionamento. Pelo contrário, Neil e eu aprendemos a perseverar quando conversamos: presto a máxima atenção nele enquanto está falando comigo e sinalizo se uma palavra ou grupo de palavras precisa ser repetido. Assim, ambos podemos ter certeza de que cada um entende plenamente o outro.

Quando adolescente, eu odiava ter de me barbear. As lâminas arranhavam meu rosto e me cortavam, enquanto eu lutava para segurar o barbeador com firmeza numa das mãos e mantinha a cabeça imóvel com a outra. Eu costumava levar mais de uma hora seguida até terminar de me barbear, e depois sentia um calor e coceira na pele. Aquilo era tão incômodo que eu me barbeava o mínimo possível, às vezes deixando a barba crescer durante meses, até que ela puxasse e irritasse tanto a pele que era preciso retirá-la. No final das contas, eu me barbeava umas duas vezes por mês, muitas vezes incomodando meus irmãos e irmãs por ocupar o banheiro por tanto tempo. Atualmente, Neil me barbeia semanalmente com um barbeador elétrico, que remove os pêlos de forma rápida e indolor.

Ser hipersensível a certas sensações físicas afeta a maneira como Neil e eu expressamos a afeição e a intimidade mútuas. Por exemplo, acho os toques leves — como um dedo acariciando meu braço — desagradáveis, e tive de explicar isto para Neil devido à maneira como eu me esquivava quando tudo que ele estava tentando fazer era demonstrar seu amor por mim. Felizmente, não tenho problema em dar as mãos ou em ser abraçado suavemente por Neil.

Aprendi uma enormidade com Neil nos anos que estamos vivendo juntos e com a experiência de amá-lo e compartilharmos nossas vidas. O amor definitivamente me mudou, tornando-me mais aberto aos outros e mais perceptivo do mundo à minha volta. Também me deu mais confiança em mim mesmo e na minha capacidade de crescer e progredir dia após dia. Neil faz parte do meu mundo, do que faz com que eu seja "eu mesmo", e em momento algum consigo imaginar a vida sem ele.

9
O dom das línguas

As línguas sempre foram fonte de fascínio para mim e, tendo me instalado na casa nova e criado o *site*, pude começar a dedicar mais tempo a elas. A primeira língua que estudei após o lituano foi o espanhol. Meu interesse por ele foi despertado por uma conversa que tive com a mãe de Neil, em que ela abordou umas férias que a família passara em algumas regiões da Espanha e mencionou que vinha aprendendo a língua havia anos. Perguntei se tinha alguns livros que pudesse me emprestar e ela encontrou um velho exemplar de "Aprenda Sozinho" para eu levar e ler. Quando visitei novamente os pais de Neil, devolvi o livro à mãe dele. Quando comecei a conversar com ela normalmente em espanhol, ela não conseguiu acreditar.

Usei um método semelhante para aprender romeno, depois que meu amigo Ian pediu que eu o ajudasse a aprender a língua para se comunicar com sua recente esposa. Complementei minhas leituras com uma edição romena *on-line* do clássico de Saint-Exupéry *Micul Print* (*O pequeno príncipe*).

Meu projeto mais recente de aprendizado de língua é o galês, uma língua bonita e diferente, que ouvi pela primeira vez durante umas férias com Neil na aldeia de Blaenau Ffestiniog, nas montanhas da Snowdonia, no norte do País de Gales. Muita gente nessa área fala galês como língua principal (no total, uma em cada cinco pessoas no País de Gales fala galês), sendo a única língua falada em muitos lugares que visitamos.

O galês tem uma série de características singulares dentre todas as línguas que estudei. Palavras começando com certas consoantes às vezes mudam suas iniciais, dependendo de como são usadas numa frase. Por exemplo, a palavra *ceg* (boca) muda para *dy geg* (sua boca), *fy ngheg* (minha boca) e *ei cheg* (a boca dela). A ordem das palavras em gaulês também é incomum, o verbo vindo na frente da frase: *Aeth Neil i Aberystwyth* (Neil foi para Aberystwyth, literalmente: "Foi Neil para Aberystwyth"). Descobri que a parte mais difícil de aprender gaulês é a pronúncia de certos sons, como *ll*, que é mais ou menos como pôr a língua na posição para dizer a letra *l* e depois tentar dizer a letra *s*.

Um recurso precioso para meu estudo de galês tem sido o canal de televisão S4C neste idioma, que consigo assistir pelo meu receptor por satélite. Os programas são variados e interessantes, da novela *Pobol y cwm* (*O povo do vale*) às *newyddion* (notícias). Eles têm-se mostrado uma ferramenta excelente para melhorar minhas habilidades de compreensão e pronúncia.

O relacionamento que tenho com uma língua é totalmente estético, certas palavras e combinações de palavras sendo particularmente bonitas e estimulantes para mim. Às vezes, leio uma frase em um livro inúmeras vezes, devido à sensação interna que as palavras provocam em mim. Os substantivos são meu tipo de palavra favorito, por serem mais fáceis de visualizar.

Quando aprendo uma língua, existem várias coisas que considero, antes de mais nada, materiais essenciais. O primeiro é um dicionário de bom tamanho. Preciso também de uma variedade de textos naquela língua, como livros infantis, contos e artigos de jornais, porque prefiro aprender palavras dentro de frases inteiras para ter uma sensação melhor de como a língua funciona. Tenho uma excelente memória visual e, quando leio uma palavra ou expressão ou frase escrita, fecho os olhos, vejo-a na minha cabeça e consigo lembrar dela perfeitamente. Minha memória é bem pior se apenas ouço uma palavra ou expressão, sem vê-la. Conversar com falantes nativos ajuda a melhorar o sotaque, a pronúncia e a compreensão. Não me importo de cometer erros, mas me esforço ao máximo para não repeti-los depois que alguém os aponta para mim.

Cada língua pode funcionar como um degrau para outra. Quanto mais línguas uma pessoa conhece, mais fácil se torna aprender uma nova. Isto porque as línguas são um pouco como as pessoas: pertencem a "famílias" de línguas afins, que compartilham certas semelhanças. As línguas também influenciam umas às outras e se apropriam de palavras das outras. Mesmo antes de começar a estudar romeno, eu conseguia entender perfeitamente a frase: *Unde este un creion galben?* (Onde está um lápis amarelo?) devido às semelhanças com o espanhol: *dónde está* (onde está?), francês: *un crayon* (um lápis) e alemão: *gelb* (amarelo).

Existem também relações entre palavras dentro de cada língua que são próprias dela. Consigo ver essas relações facilmente. Por exemplo, o islandês tem *borð* (mesa) e *borða* (comer), o francês tem *jour* (dia) e *journal* (jornal), e o alemão tem *Hand* (mão) e *Handel* (comércio ou ofício).

Aprender palavras compostas pode ajudar a enriquecer o vocabulário e fornecer exemplos úteis da gramática de uma língua. A palavra alemã para vocabulário, por exemplo, é *Wortschatz*, combinando as palavras *Wort* (palavra) e *Schatz* (tesouro). Em finlandês, é possível formar palavras compostas equivalentes a várias palavras distintas em outras línguas. Por exemplo, na frase *Hän oli talossanikin* (Ele esteve na minha casa também), a última palavra, *talossanikin*, compõe-se de quatro partes separadas: *talo* (casa) + *-ssa* (em) + *-ni* (minha) e *–kin* (também).

Acho alguns aspectos da língua bem mais problemáticos do que outros. Considero palavras abstratas bem mais difíceis de entender e tenho uma imagem na cabeça para cada uma que ajuda a fazer com que compreenda seu sentido. Por exemplo, a palavra *complexidade* faz-me pensar numa trança de cabelos — os vários cachos diferentes entrelaçados num todo completo. Quando leio ou ouço que algo é complexo imagino-o com montes de partes diferentes que precisam ser interligadas para se chegar a uma resposta. Similarmente, a palavra *triunfo* cria em minha mente a imagem de um grande troféu dourado, como aqueles que os vencedores recebem nos eventos esportivos. Quando ouço sobre o "triunfo eleitoral" de um político, imagino o político erguendo um troféu sobre a cabeça, como o técnico do time vencedor numa final da Copa da Inglaterra. Para a palavra *frágil* penso em vidro; imagino uma "paz frágil" como uma pomba de vidro. A imagem que vejo ajuda a entender que a paz pode se despedaçar a qualquer momento.

Certas estruturas frasais podem ser particularmente difíceis de analisar para mim, como: "Ele não é inexperiente nessas coisas", onde os dois negativos (*não* e *in-*) se cancelam mutuamente. Seria bem mais fácil se as pessoas simplesmente dissessem: "Ele é experiente nessas coisas." Outro exemplo é quando uma frase começa com "Você não..." como em: "Você não acha que deveríamos ir agora?" ou "Você não quer sorvete?" Aí fico bem confuso, e minha cabeça começa a doer, porque o autor da pergunta não está sendo claro se quer dizer "Você quer um sorvete?" ou "Está certo que você não quer um sorvete?" e é possível responder às duas perguntas com um sim, e não gosto quando a mesma palavra pode significar duas coisas totalmente diferentes.

Quando criança, eu achava as expressões idiomáticas particularmente desconcertantes. Dizer que alguém estava "armando um barraco" soava muito estranho para mim, porque eu não via nenhum barraco. Outra expressão comum que me intrigava era quando meus pais desculpavam a conduta irritadiça de um de meus irmãos dizendo: "Ele deve ter levantado esta manhã com o pé esquerdo." Por que ele não levantou com o pé direito?", eu perguntava.

Nos últimos anos, os cientistas têm-se interessado cada vez mais em estudar o meu tipo de experiências sinestésicas na linguagem, a fim de descobrir mais sobre o fenômeno e suas origens. O professor Vilayanur Ramachandran, do Center for Brain Studies em San Diego, Califórnia, vem pesquisando a sinestesia há mais de uma década e acredita na existência de um vínculo entre a base neurológica das experiências sinestésicas e a criatividade lingüística de poetas e escritores. De acordo com um estudo, o distúrbio é sete vezes mais comum nas pessoas criativas do que na população em geral.

Em particular, o professor Ramachandran aponta para a facilidade com que os escritores criativos criam e usam as metáforas — uma forma de linguagem em que se faz uma analogia entre duas coisas aparentemente sem ligação — e compara isto com a associação de coisas aparentemente dissociadas, como cores e palavras ou formas e números na sinestesia.

Alguns cientistas acreditam que conceitos de alto nível (incluindo números e linguagem) estão ancorados em regiões específicas do cérebro e que a sinestesia poderia ser causada pela comunicação excessiva entre essas regiões diferentes. Tal "conexão cruzada" poderia levar tanto à sinestesia como à propensão a criar associações entre idéias aparentemente dissociadas.

William Shakespeare, por exemplo, recorria com freqüência às metáforas, muitas das quais sinestésicas, envolvendo uma associação com os sentidos. Por exemplo, em *Hamlet*, o personagem Francisco diz que está fazendo um "frio amargo" — combinando a sensação de frio com o gosto amargo. Em outra peça, *A tempestade*, Shakespeare vai além das metáforas envolvendo apenas os sentidos e associa experiências concretas com idéias mais abstratas. Sua expressão: "Esta música rastejou por mim" relaciona a "música" abstrata com a ação de rastejar. O leitor consegue imaginar a música — algo de que costuma ser difícil criar uma imagem mental — como um animal em movimento.

Mas não são só as pessoas muito criativas que fazem essas associações. Todo mundo faz; todos recorremos à sinestesia em maior ou menor grau. Em seu livro *Metáforas da vida cotidiana*, o cientista da linguagem George Lakoff e o filósofo Mark Johnson argumentam que as metáforas não são construções arbitrárias, mas seguem padrões específicos, que por sua vez estruturam o pensamento. Eles dão como exemplos expressões que indicam os vínculos: "feliz" = "para cima" e "triste" = "para baixo": *Estou me sentindo para cima, estou de alto-astral. Estou na fossa, ele está realmente para baixo.* Ou "mais" = "para cima" e "menos" = "para baixo": *Minha renda subiu ano passado. O número de erros está bem baixo.* Lakoff e Johnson sugerem que muitos desses padrões emergem de nossas experiências físicas diárias; por exemplo, o vínculo "triste" = "para baixo" pode estar relacionado com a postura curvada quando uma pessoa se sente triste. De forma semelhante, o vínculo "mais" = "para cima" pode advir do fato de que, quando você acrescenta um objeto ou substância a um recipiente ou pilha, o nível se eleva.

Outros cientistas da linguagem observaram que algumas das características estruturais de muitas palavras normalmente não associadas a nenhuma função, como grupos de fonemas iniciais, exercem um efeito observável sobre o leitor/ouvinte. Por exemplo, para *sl-* existe: *slack* (frouxo), *slouch* (preguiçoso), *sludge* (lama), *slime* (limo), *slosh* (lama, neve meio derretida), *sloppy* (desmazelado), *slug* (lesma), *slut* (prostituta), *slang* (gíria), *sly* (ardiloso, dissimulado), *slow* (lento), *sloth* (bicho-preguiça), *sleepy* (sonolento), *slipshod* (desmazelado), *slovenly* (desalinhado), *slum* (favela), *slobber* (babar), *slur* (fala confusa), *slog* (golpear)... Todas estas palavras possuindo conotações negativas e algumas particularmente pejorativas.

A idéia de que certos tipos de sons "combinam" com determinados objetos melhor do que outros remonta à época dos gregos antigos. Uma ilustração óbvia é a onomatopéia, um tipo de palavra que soa como a coisa que está descrevendo (*bum*, *atxim*, *blablablá* etc.). Num teste realizado por pesquisadores nos anos sessenta, palavras artificiais foram construídas usando letras e combinações de letras específicas que se acreditava associadas a sentimentos positivos ou negativos. Após ouvirem as palavras inventadas, pediu-se aos voluntários que relacionassem palavras inglesas para emoções agradáveis ou desagradáveis com uma ou outra dentre duas palavras inventadas. As combinações apropriadas foram bem mais freqüentes do que seria de esperar por mero acaso.

O tipo de sinestesia lingüística latente em praticamente todas as pessoas também pode ser visto num experimento originalmente realizado na década de vinte, que investigou o possível vínculo entre padrões visuais e as estruturas sonoras das palavras. O pesquisador Wolfgang Köhler, um psicólogo americano de origem alemã, usou duas formas visuais arbitrárias, uma suave e arredondada e a outra pontiaguda e angulosa, e inventou duas palavras para elas: *takete* e *maluma*. Voluntários deveriam dizer qual dos formatos era *takete* e qual era *maluma*. A grande maioria atribuiu *maluma* à forma arredondada e *takete* à angulosa. Recentemente, a equipe do professor Ramachandran reproduziu os resultados deste teste usando as palavras inventadas *bouba* e *kiki*. Das pessoas pesquisadas, 95% acharam que a forma arredondada era *bouba* e a pontiaguda, *kiki*. O motivo sugerido por Ramachandran é que as mudanças acentuadas na direção visual das linhas na figura *kiki* imitam as inflexões fonêmicas acentuadas do som da palavra, bem como a inflexão acentuada da língua no palato.

O professor Ramachandran acredita que essa associação sinestésica entre os nossos sentidos da audição e visão constituiu um passo inicial importante rumo à criação de palavras entre os primeiros humanos. De acordo com esta teoria, nossos ancestrais teriam começado a conversar usando sons que evocavam o objeto que queriam descrever. Ele também observa que os movimentos dos lábios e língua podem estar sinestesicamente ligados aos objetos e eventos a que se referem. Por exemplo: palavras referentes a algo pequeno costumam envolver um pequeno som *i* sinestésico com os lábios e um estreitamento dos tratos vocais: *little*, *teeny*, *petite*[*], enquanto ocorre o inverso com palavras denotando algo grande ou enorme. Se a teoria estiver correta, a linguagem emergiu do vasto conjunto de conexões sinestésicas no cérebro humano.

Uma questão interessante que os pesquisadores da linguagem estão começando a explorar é se a minha aptidão lingüística se estende a outras formas de linguagem, como a língua de sinais. Em 2005, participei de um experimento realizado por Gary Morgan, do Departamento de Ciências da Linguagem e Comunicação da City University de Londres. O Dr. Morgan é um pesquisador da Língua de Sinais Britânica (a BSL, British Sign Language), a língua principal ou preferida dos cerca de setenta mil surdos ou deficientes auditivos do Reino Unido. Milhares de pessoas não-surdas também utilizam a BSL, uma linguagem visual/espacial que usa as mãos, corpo, rosto e cabeça para comunicar significado. O teste foi projetado para verificar se eu conseguia aprender palavras sinalizadas tão rápida e facilmente como as escritas ou faladas. Um sinalizador sentou-se à minha frente numa mesa e produziu um total de 68 sinais diferentes. Após cada um, mostraram-me uma página com quatro ilustrações e pediram que eu indicasse qual eu achava que melhor descrevia o sinal recém-mostrado. As palavras sinalizadas variaram no significado, da relativamente simples "chapéu" para sinais mais difíceis de conceitos como restaurante e agricultura. Consegui identificar corretamente dois terços dos sinais dentre as opções possíveis apresentadas para mim, e a conclusão foi que eu mostrei uma "aptidão muito boa para os sinais". Os pesquisadores agora planejam que um sinalizador me ensine a Língua de Sinais Britânica para comparar minha aquisição desta língua com a das outras que já sei.

(*) Pequeno (em inglês), pequenino (em inglês), pequena (em francês). Em português poderíamos citar o sufixo -inho usado para formar o diminutivo. (N. do T.)

O esperanto é outro tipo de língua bem difícil. Li a palavra *esperanto* pela primeira vez muitos anos atrás num livro de uma biblioteca, mas só depois de comprar meu primeiro computador descobri mais a respeito. O que mais me atraiu para a língua foi o fato de seu vocabulário ser uma mescla de diferentes línguas, principalmente européias, enquanto sua gramática é coerente e lógica. Rapidamente *esperantiĝis* (tornei-me falante de esperanto) lendo vários textos *on-line* neste idioma e escrevendo para outros falantes de esperanto no mundo inteiro.

A língua esperanto (a palavra significa "o que espera") foi criada pelo Dr. Ludovic Lazarus Zamenhof, um oftalmologista de Bialystok, na atual Polônia. Ele anunciou pela primeira vez sua língua em 1887, e o primeiro congresso mundial de falantes de esperanto realizou-se na França em 1905. O objetivo de Zamenhof foi criar uma segunda língua universal, de fácil aprendizado, para ajudar a fomentar a concórdia internacional. Atualmente, estima-se entre 100 mil e 1 milhão o número de falantes de esperanto no mundo.

A gramática do esperanto possui vários aspectos interessantes. O primeiro é que as diferentes partes da fala são marcadas por seus próprios sufixos: todos os substantivos terminam em *–o*, todos os adjetivos em *–a*, advérbios em *–e*, infinitivos em *–i*. Por exemplo: a palavra *rapido* se traduziria como "velocidade", *rapida* como "veloz", *rapide* como "velozmente" e *rapidi* como "correr".

Os verbos não mudam conforme o sujeito, como na maioria das línguas naturais: *mi estas* (eu sou), *vi estas* (tu és), *li estas* (ele é), *ŝi estas* (ela é), *ni estas* (nós somos), *ili estas* (eles são). Os verbos no passado sempre terminam em *–is* (*mi estis* = eu fui), no futuro em *–os* (*vi estos* = vocês serão).

Muitas palavras em esperanto são formadas mediante afixos. A terminação *–ejo*, por exemplo, significa "lugar", como nas palavras *lernejo* (escola), *infanejo* (quarto de criança) e *trinkejo* (bar). Outro sufixo muito usado é *–ilo*, significando "ferramenta ou instrumento", sendo encontrado em palavras como: *hakilo* (machado), *flugilo* (asa) e *serĉilo* (mecanismo de busca).

Talvez o aspecto mais famoso da gramática de construção de palavras do esperanto seja o prefixo *mal-* para indicar o contrário de algo. Este recurso é extensamente empregado através da língua: *bona* (bom) / *malbona* (mau), *riĉa* (rico) / *malriĉa* (pobre), *granda* (grande) / *malgranda* (pequeno), *dekstra* (direita) / *maldekstra* (esquerda), *fermi* (fechar) / *malfermi* (abrir), *amiko* (amigo) / *malamiko* (inimigo).

A criação e o emprego de expressões idiomáticas costumam ser desencorajados em esperanto, embora existam alguns exemplos de "gíria". Um novato no domínio da língua pode ser chamado de *freŝbakito*, do alemão *frischgebacken* (recém-assado), quando a palavra normal em esperanto seria um *komencanto* (principiante). Um exemplo de eufemismo em esperanto é *la necesejo* (o lugar necessário) para um banheiro.

Tony Attwood, um psicólogo clínico autor de *A síndrome de Asperger: um guia para pais e profissionais*, observa que alguns indivíduos com a síndrome de Asperger têm a capacidade de criar sua própria forma de linguagem (conhecida como neologismos). Ele dá como exemplos a descrição realizada por uma menina a respeito do próprio tornozelo como "o pulso do meu pé" e de cubos de gelo como "ossos d'água". O Dr. Attwood descreve essa capacidade como "um dos aspectos benquistos e genuinamente criativos da síndrome de Asperger". Após o nascimento de minhas irmãs gêmeas, criei a palavra *biplets* para descrevê-las, sabendo que uma bicicleta tinha duas rodas e um triciclo, três, e que o nome de três bebês nascidos no mesmo parto era *triplets* (trigêmeos). Outro dos meus neologismos de criança foi a palavra *pramble*, significando sair para uma longa caminhada (*ramble*, em inglês) com um bebê num carrinho (*pram*), algo que meus pais viviam fazendo.

Durante muitos anos quando criança, acalentei a idéia de criar minha própria língua, como uma forma de aliviar a solidão que costumava sentir e de explorar o prazer que as palavras me proporcionavam. Às vezes, quando sentia uma emoção particularmente forte ou experimentava algo que achava especialmente bonito, uma palavra nova se formava espontaneamente na minha mente para expressar aquilo, sem que eu tivesse a menor idéia de onde surgiam aquelas palavras. Em contraste, a língua de meus colegas muitas vezes me parecia desagradável e confusa. Eu costumava ser ridicularizado por falar em frases longas, cuidadosas e excessivamente formais. Quando eu tentava empregar numa conversa uma das palavras de minha criação, para tentar expressar algo que estava sentindo em meu interior, raramente alguém entendia. Meus pais me desencorajavam de "falar de maneira engraçada".

Eu continuava sonhando que um dia falaria uma língua criada por mim, sem que as pessoas me criticassem ou zombassem de mim, e que expressaria parte da sensação de como me sentia em meu interior. Depois de terminar a escola, percebi que dispunha de tempo para começar a realizar aquela idéia.

Anotei em folhas de papel as palavras que me ocorriam e experimentei diferentes métodos de pronúncia e construção de frases. Chamei minha língua de *mänti*, devido à palavra finlandesa *mänty*, que significa pinheiro. Os pinheiros são nativos da maior parte do Hemisfério Norte, sendo particularmente numerosos em áreas da Escandinávia e na região báltica. Muitas das palavras usadas em *mänti* são de origem escandinava e báltica. Existe outra razão para a escolha do nome: os pinheiros costumam crescer juntos e em grandes números, simbolizando amizade e comunidade.

O *mänti* é um trabalho em desenvolvimento, com uma gramática elaborada e um vocabulário de mais de mil palavras. Tem atraído o interesse de diversos pesquisadores da linguagem, que acreditam que possa ajudar a lançar mais luz sobre minhas capacidades lingüísticas.

Uma das coisas que mais aprecio ao brincar com a língua é a criação de palavras e idéias novas. Tento em *mänti* formar palavras que reflitam os relacionamentos entre coisas diferentes: *hamma* (dente) e *hemme* (formiga — um inseto que morde) e *rât* (fio) e *râtio* (rádio), por exemplo. Algumas palavras têm vários significados afins; a palavra *puhu*, por exemplo, pode significar "vento", "respiração" e "espírito".

Palavras compostas são comuns em *mänti*: *puhekello* (telefone, literalmente "campainha de falar"), *ilmalāv* (avião, literalmente, "navio aéreo"), *tontöö* (música, literalmente "arte do tom") e *rātalö* (parlamento, literalmente "lugar de discussões") são alguns exemplos.

O *mänti* tem várias maneiras de lidar com as palavras abstratas. Uma delas é criar uma palavra composta para descrevê-las: "atraso" é traduzido como *kellokült* (literalmente "relógio-dívida"). Outro método é usar pares de palavras como podemos encontrar nas línguas fino-ugrianas como o estoniano. Para uma palavra como *laticínios* o equivalente *mänti* é *pîmat kermat* (leites cremes) e para *calçados* existe *koet saapat* (sapatos botas).

Embora o *mänti* seja bem diferente da língua inglesa, existem muitas palavras reconhecíveis pelos falantes de inglês: *nekka* (*neck* em inglês, pescoço), *kuppi* (*cup*, xícara), *purssi* (*purse*, carteira), *nööt* (*night*, noite) e *pêpi* (*baby*, bebê) são exemplos.

O *mänti* existe como uma expressão tangível e comunicável de meu mundo interior. Cada palavra, brilhando com cor e textura, para mim é como uma obra de arte. Quando penso ou falo em *mänti*, sinto como se estivesse pintando com palavras.

10
Uma porção bem grande de pi

Ouvi falar pela primeira vez do número pi na aula de matemática na escola. Pi — a razão entre a circunferência e o diâmetro de um círculo — é o número mais famoso da matemática. O nome vem da décima sexta letra do alfabeto grego (π), o símbolo tendo sido adotado pelo matemático Euler em 1737. Senti um fascínio imediato por este número e aprendi o máximo de casas decimais que consegui descobrir em diferentes livros de bibliotecas, num total de centenas. Então, no final de 2003, recebi um telefonema do meu pai, que me lembrou ao final da conversa que vinte anos haviam decorrido desde as minhas convulsões de criança. Ele disse que eu deveria me orgulhar do progresso realizado desde então. Pensei por um longo tempo em suas palavras e decidi que queria fazer algo para mostrar que a minha experiência de epilepsia na infância não havia me prejudicado. Naquela mesma semana, contatei o departamento de arrecadação de fundos da National Society for Epilepsy, a maior organização de caridade para vítimas de epilepsia do Reino Unido. Meu plano era aprender o máximo de dígitos do número pi que conseguisse, na seqüência correta, para uma recitação pública três meses depois, em 14 de março — Dia Internacional do Pi (14 de março é 3/14 na notação norte-americana) — que é também o aniversário de Einstein, para ajudar a arrecadar fundos para a NSE. A entidade se empolgou com a idéia e sugeriu que eu tentasse quebrar o recorde europeu, de modo que um objetivo de 22.500 dígitos foi fixado. Enquanto eu começava a decorar o número, o gerente de arrecadação de fundos da NSE, Simon Ekless, organizou o cenário da recitação, selecionando o Ashmolean Building do Museu da História da Ciência de Oxford, onde, entre os diferentes objetos expostos, está um dos quadros-negros de Albert Einstein.

Pi é um número irracional, o que significa que não pode ser escrito como uma fração simples de dois números inteiros. É também infinito: os dígitos à direita da vírgula se estendem sem parar num fluxo numérico sem fim, de modo que não é possível alguém escrever o número pi exatamente, mesmo que tivesse uma folha de papel do tamanho do universo para anotá-lo. Por este motivo, os cálculos precisam sempre usar aproximações de pi como 22 ÷ 7 ou 355 ÷ 113. O número aparece em todos os tipos de lugares inesperados na matemática, além de círculos e esferas. Por exemplo, ocorre na distribuição dos primos e na probabilidade de que um alfinete solto sobre um conjunto de linhas paralelas caia sobre uma linha. Pi também aparece como a razão média entre o comprimento real e a distância direta entre a nascente e a embocadura de um rio serpenteante.

Os primeiros valores de pi foram quase certamente obtidos por medição. Há bons indícios de que os egípcios antigos obtiveram $4\ (8/9)^2 = 3{,}16$ como um valor de pi, enquanto os babilônios usaram a aproximação $3 + 1/8 = 3{,}125$. O matemático grego Arquimedes de Siracusa forneceu o primeiro cálculo teórico do valor de pi, em torno de 250 a.C. Ele calculou o limite superior e inferior de pi descobrindo os perímetros de um polígono inscrito num círculo, que é inferior à circunferência de um círculo (esquerda), e de um polígono circunscrito fora de um círculo, que é superior à circunferência (direita).

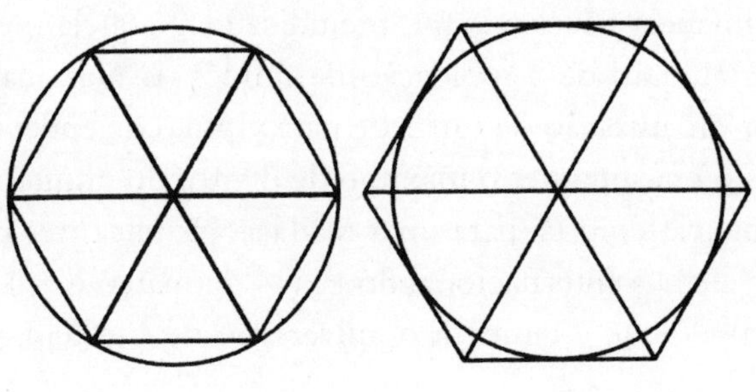

Dobrando o número de lados do hexágono para um dodecágono (12 lados), depois para um polígono de 24 e de 48 lados, até chegar num polígono de 96 lados, Arquimedes foi aproximando os dois perímetros cada vez mais da circunferência do círculo, chegando assim à sua aproximação. Ele calculou que pi era inferior a 3 1/7 mas superior a 3 10/71. Em notação decimal: 3,1408 e 3,1429 (arredondados para quatro casas decimais), o que se aproxima muito do valor real 3,1416.

Durante a Idade Média, o matemático alemão Ludolph van Ceulen passou grande parte da vida calculando o valor numérico de pi, valendo-se essencialmente dos mesmos métodos empregados por Arquimedes cerca de 1.800 anos antes. Em 1596, forneceu um valor de pi com vinte casas decimais em seu livro *Van den Circkel* (*Sobre o círculo*), que mais tarde expandiu para 35 decimais. Após sua morte, os dígitos foram inscritos em sua lápide.

Matemáticos posteriores, inclusive Isaac Newton e James Gregory, desenvolveram fórmulas matemáticas novas para melhorar seus cálculos do valor de pi. Em 1873, o inglês William Shanks publicou seu cálculo de pi com 707 casas decimais. Levou mais de quinze anos, calculando em média uma casa decimal por semana. Infelizmente, na década de 1940, ao ser conferido por calculadoras mecânicas, descobriu-se que ele cometera um erro na 528ª casa, após a qual todos os dígitos subseqüentes estavam errados.

Com o advento dos computadores modernos, tornou-se possível calcular pi com valores bem maiores do que antes. O primeiro cálculo por computador de pi foi realizado em 1949 no ENIAC (Electronic Numerical Integrator and Computer) — uma máquina enorme pesando trinta toneladas e com o tamanho de uma casa pequena —, obtendo 2.037 casas decimais em setenta horas. Desde então, o rápido avanço na tecnologia da informática vem ajudando os pesquisadores a calcularem pi com um número crescente de dígitos. Em 2002, o cientista da computação Yasumasa Kanada e seus colegas do Centro de Tecnologia da Informação da Universidade de Tóquio calcularam pi com mais de um trilhão de casas decimais.

Através dos anos, muitos entusiastas do pi têm tentado memorizar parte da seqüência infinita de dígitos desse número. O método mais comum lança mão de frases e até poemas inteiros compostos de palavras cuidadosamente escolhidas, o número de letras de cada representando dígitos sucessivos de pi. Talvez o exemplo mais famoso seja o seguinte, atribuído ao matemático britânico *Sir* James Jeans:

> *How I want a drink, alcoholic of course, after the heavy lectures involving quantum mechanics!**

Onde a palavra *How* = 3 (três letras), *I* = 1 e *want* = 4, a frase completa correspondendo a 3,14159265358979, que é pi com 14 casas decimais.

Outro exemplo (publicado originalmente em 1905) fornece pi com 30 casas decimais:

Sir, I send a rhyme excelling
In sacred truth and rigid spelling
Numerical sprites elucidate
For me the lexicon's dull weight
If Nature gain
Not you complain,
*Tho' Dr. Johnson fulminate.***

Um desafio que tais escritores enfrentam é como lidar com o dígito 0, que ocorre pela primeira vez na 32ª casa após a vírgula. Uma solução é usar pontuação: um ponto, por exemplo. Outra é empregar uma palavra de dez letras. Alguns autores usam palavras mais longas para dois dígitos sucessivos. Por exemplo, a palavra de onze letras *calculating* (*calculando*) representaria um 1 seguido de outro 1.

Quando olho para a seqüência de números, minha cabeça começa a se encher de cores, formas e texturas que se entrelaçam espontaneamente para

---

(*) Queria tanto uma bebida, alcoólica é claro, após as aulas pesadas envolvendo mecânica quântica! (N. do T.)

(**) Senhor, envio um poema que se destaca
Na verdade sagrada e grafia exata
Os espíritos numéricos esclarecem
Para mim a gravidade terrível do léxico
Se a Natureza ganha
Não vá reclamar,
Embora o Dr. Johnson vá criticar. (N. do T.)

formar uma paisagem visual. Estas são sempre muito bonitas. Quando criança, costumava passar horas seguidas explorando paisagens numéricas na minha mente. Para lembrar cada dígito, eu simplesmente reconstituo as diferentes formas e texturas na minha cabeça e leio os números nelas.

Para números muito longos, como pi, eu decomponho os dígitos em segmentos menores. O tamanho de cada segmento varia, dependendo de quais são os dígitos. Por exemplo, se um número é muito brilhante na minha cabeça e o próximo é muito escuro, eu os visualizaria separadamente, enquanto um número suave seguido de outro número suave seriam lembrados juntos. À medida que a seqüência de dígitos cresce, as minhas paisagens numéricas se tornam mais complexas, com várias camadas, até — como com o pi — se tornarem todo um país composto por números que só existe em minha mente.

É assim que "vejo" os vinte primeiros dígitos de pi:

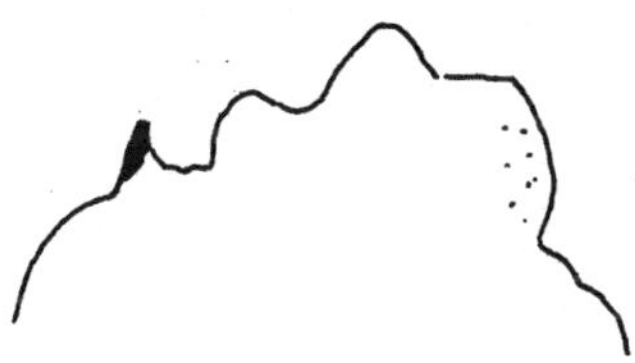

O número vai subindo, depois escurece e se torna acidentado no meio, antes de fazer uma curva e serpentear para baixo.

E aqui estão os primeiros cem dígitos de pi como os vejo:

No final de cada segmento de números, a paisagem muda e novas formas, cores e texturas aparecem. Este processo continua enquanto durar a seqüência de dígitos que estou rememorando.

A seqüência de números mais famosa em pi é o ponto de Feynman, que vai da 762ª à 767ª casa decimal de pi: ... 999999... Recebeu este nome devido à observação do físico Richard Feynman de que gostaria de memorizar os dígitos de pi até aquele ponto para que, ao recitá-los, pudesse concluir com:

"... nove, nove, nove, nove, nove, nove, e assim por diante". O ponto de Feynman é visualmente muito bonito para mim; vejo-o como um anel profundo e espesso de luz azul-escura.

Existe uma seqüência de dígitos igualmente bonita que vai da 19.437ª à 19.453ª casa decimal de pi: "... 99992128599999399...", onde o dígito 9 primeiro se repete quatro vezes seguidas, pouco depois cinco vezes e novamente duas vezes; 11 vezes ao todo no espaço de 17 casas decimais. É minha seqüência favorita de dígitos de pi dentre os mais de 22.500 que aprendi.

Comecei a estudar o pi em dezembro de 2003, tendo três meses para aprender todos os dígitos (mais de 22.500) necessários para tentar bater o recorde. O primeiro problema foi onde encontrar tantos dígitos de pi: a maioria dos livros dava o número apenas com algumas dezenas ou centenas de casas. A Internet proporcionou a resposta, mas mesmo assim foi preciso muita pesquisa, já que a maioria dos *sites* listava o pi apenas com mil ou alguns milhares de casas. Finalmente, Neil encontrou o *site* de um supercomputador de Tóquio com arquivos que armazenavam milhões de dígitos de pi. Esta, então, tornou-se nossa fonte para a tentativa de bater o recorde.

Neil imprimiu os números em folhas de papel tamanho carta, mil dígitos por página, para que eu pudesse apanhar comodamente uma folha de cada vez e estudá-la. Os dígitos foram ainda decompostos em "sentenças" de cem dígitos cada, para torná-los o mais legíveis possível e para minimizar o risco de que eu lesse erradamente os números e decorasse alguns de forma incorreta.

Não era todo dia que eu estudava as folhas de números. Alguns dias, eu estava cansado ou inquieto demais para me sentar e decorar alguma coisa. Outros dias, eu me empanturrava de números, absorvendo centenas de uma vez só. Neil observou que, enquanto eu decorava os números, meu corpo ficava tenso e agitado — eu balançava a cabeça para trás e para a frente ou puxava os lábios constantemente com os dedos. Nesses momentos, ele achava quase impossível conversar ou interagir comigo, como se eu estivesse em outro mundo.

Os períodos de estudo costumavam ser curtos (geralmente uma hora ou menos) porque minha concentração varia muito. Eu escolhia os cômodos mais tranqüilos, localizados nos fundos da casa, para decorar os números, pois mesmo um som baixinho pode tornar a minha concentração impossível. Às vezes, tampo os ouvidos com os dedos para evitar qualquer ruído. Enquanto decorava, muitas vezes caminhava em círculos pelo quarto, cabeça baixa e olhos semi-abertos, para não esbarrar nos objetos. Outras vezes, sentava-me numa cadeira e fechava os olhos completamente, visualizando as minhas paisagens numéricas e os vários padrões, cores e texturas dentro delas.

Como a recitação pública teria de ser oral, e não escrita, era importante que eu praticasse a recitação dos números em voz alta para outra pessoa. Uma vez por semana, Neil segurava uma ou mais das folhas de números diante dele para me testar, enquanto eu ficava de pé, parado ou andando de um lado para o outro, recitando para ele a seqüência crescente de dígitos memorizados. Foi uma experiência estranha e inicialmente difícil dizer os números em voz alta, já que eram inteiramente visuais para mim, e na primeira recitação prática diante de Neil hesitei e cometi vários erros. Foi muito frustrante e me preocupei com como eu enfrentaria a recitação da seqüência inteira diante de uma multidão de pessoas, de acordo com o que era esperado. Como sempre, Neil foi paciente e tranqüilizador — ele sabia por que eu estava achando difícil dizer os números em voz alta e encorajou-me a relaxar e continuar tentando.

Com a prática, aos poucos foi ficando mais fácil para mim recitar o número continuamente, e minha confiança começou a aumentar com a aproximação da data do evento. À medida que o número de dígitos ia crescendo, não era possível recitar todos eles de uma só vez diante de Neil, de modo que decidimos que eu praticaria recitando partes diferentes do número para ele a cada semana. Outras vezes, eu recitava o número em voz alta para mim sentado ou andando pela casa, até que o fluxo de números se tornou natural e consistente.

Para ajudar na arrecadação de fundos, a organização de caridade publicou uma página na Internet que recebeu doações e mensagens de apoio de pessoas do mundo inteiro. Uma das doações, por exemplo, veio de uma classe de uma escola em Varsóvia, Polônia. A organização também distribuiu um comunicado à imprensa, enquanto Neil e eu coletamos doações de amigos e da família. Um vizinho que soube do evento falou comigo sobre a epilepsia de sua própria filha e expressou a admiração pelo que eu estava fazendo. Receber tais palavras de apoio, bem como cartões e *e-mails* desejando boa sorte, foi extremamente inspirador.

No início do fim de semana do evento, sábado, 13 de março, Neil levou-me de carro a Oxford para a recitação do dia seguinte. Embora eu tivesse terminado de decorar os dígitos várias semanas antes, continuava muito nervoso com a perspectiva de recitá-los em público. Pernoitamos numa hospedaria perto do museu, e esforcei-me ao máximo para dormir, o que não foi fácil, pois eu não parava de pensar no dia seguinte e me preocupava com o que poderia acontecer. Acabei adormecendo e sonhei que caminhava entre as minhas paisagens do número pi — ali pelo menos me senti calmo e confiante.

Na manhã seguinte, ambos acordamos cedo. Não era apenas eu que estava nervoso, já que Neil reclamou de cólicas no estômago, que ele sabia serem por causa da tensão pelo dia que tínhamos pela frente. Tomamos o café-da-manhã juntos e depois nos dirigimos ao museu. Foi minha primeira vez em Oxford, e eu estava empolgado por vê-la, uma cidade famosa pela universidade (a mais antiga do mundo anglófono) e conhecida como a "cidade das torres de sonhos" em alusão à arquitetura dos prédios da universidade. Percorremos de carro uma série de estradas longas, estreitas e calçadas de pedra até chegarmos ao nosso destino.

O Museu da História da Ciência, localizado em Broad Street, é o mais antigo prédio destinado a ser um museu sobrevivente no mundo. Construído em 1683, foi o primeiro museu do mundo a abrir para o público. Entre sua coleção de cerca de 15 mil objetos, datando da antiguidade ao início do século XX, consta uma grande variedade de instrumentos matemáticos antigos usados para cálculos, astronomia, navegação, topografia e desenho.

Enquanto entrávamos com o carro no estacionamento, podíamos ver membros da equipe do museu, jornalistas, câmeras e os organizadores do evento aguardando a nossa chegada. Simon, o gerente de arrecadação de fundos da organização de caridade, veio ao meu encontro quando saí do carro, me deu um aperto de mão vigoroso e perguntou como eu me sentia. Respondi que me sentia bem. Fui apresentado às outras pessoas que me aguardavam, e pediram que me sentasse na escadaria do prédio para tirar algumas fotos. O degrau era frio e úmido, e tentei não me mexer demais.

Lá dentro, o salão da recitação era comprido e poeirento, repleto de uma extremidade à outra de caixas de vidro contendo objetos expostos. Junto à parede de um lado, uma mesinha e uma cadeira para eu sentar. Dali, eu tinha uma visão direta do quadro-negro de Einstein na parede oposta. Um pouco afastado de minha mesa, havia uma outra mais comprida, com folhas de papel repletas de números e um cronômetro digital. Ao seu redor estavam sentados membros do departamento de ciências matemáticas da Oxford Brookes

University próxima, que haviam-se oferecido para ser conferentes durante a recitação. A tarefa deles era monitorar a minha memória e assegurar a total precisão, checando os números nas páginas diante deles à medida que eu recitasse os dígitos em voz alta. O cronômetro seria ligado no início da recitação, para que o público que entrasse para observar pudesse saber por quanto tempo eu estava recitando. O evento havia sido promovido pela imprensa local e cartazes do lado de fora do prédio convidavam os transeuntes a entrarem. Lá dentro, funcionários da organização de caridade estavam a postos com livretos de informações e baldes para eventuais doações.

Neil continuava bem tenso, a ponto de se sentir muito mal, mas estava determinado a permanecer no salão para me dar apoio, e sua presença foi definitivamente tranqüilizadora. Após posar para mais fotos dentro do salão, sentei na minha cadeira e coloquei as poucas coisas que trouxera comigo sobre a mesa. Havia garrafas d'água para beber sempre que minha garganta ficasse seca e chocolate e bananas para proporcionar energia durante a recitação. Enquanto Simon pedia silêncio, eu estava pronto para começar e ele ligou o cronômetro às onze e cinco.

Assim recitei os então já familiares dígitos de abertura de pi, as paisagens numéricas na minha cabeça crescendo e mudando enquanto eu prosseguia. À medida que eu recitava, os conferentes riscavam cada número ao ser corretamente rememorado. Um estado de silêncio quase completo reinava no salão, exceto por alguma tossida abafada ocasional ou o som dos passos de alguém andando de um lado do salão para o outro. Os ruídos não me incomodaram, porque, ao recitar, sentia-me absorto no fluxo visual de cores e formas, texturas e movimento, até estar cercado por minhas paisagens numéricas. A recitação tornou-se quase melódica à medida que cada fôlego era preenchido com um número após o outro após o outro, até que subitamente percebi que estava totalmente calmo, como estivera em meu sonho na noite anterior. Decorreram pouco mais de dez minutos para completar os mil primeiros dígitos. Abri uma das garrafas e bebi um pouco d'água, depois continuei a ladainha.

Gradualmente, o salão começou a encher com diversos espectadores de pé, vários metros afastados de mim, observando em silêncio enquanto eu recitava. Embora minha maior preocupação tivesse sido recitar os dígitos do pi diante de tantas pessoas, no final quase não as percebia, já que todos os meus pensamentos estavam absortos no fluxo rítmico e contínuo dos números. Houve apenas uma interrupção significativa que consigo lembrar, quando o telefone celular de alguém começou a tocar. Naquele mesmo momento, parei de recitar e aguardei que o barulho parasse antes de prosseguir.

As regras do evento não permitiam que eu falasse ou interagisse com ninguém durante a recitação. Pequenas pausas programadas foram permitidas, durante as quais comia do meu chocolate ou uma banana. Para ajudar a conservar a concentração durante os intervalos, eu andava de um lado do salão para o outro atrás de minha cadeira, cabeça baixa fitando o chão, evitando os olhares dos espectadores. Ficar sentado constantemente no meu assento enquanto recitava foi algo que achei ainda mais difícil do que havia esperado, já que tendo a me remexer muito. Quando rememorava os dígitos, eu rodava a cabeça, cobria-a com as mãos ou balançava suavemente de olhos fechados.

Alcancei dez mil dígitos à uma e quinze da tarde, duas horas após o início da recitação. Com o passar do tempo, fui me sentindo cada vez mais cansado e percebi que as paisagens visuais na minha mente estavam se tornando mais indistintas à medida que a fadiga se instalava. Eu não havia recitado todos os dígitos juntos numa seqüência contínua antes do evento e agora esperava que o cansaço não me impedisse de terminar.

Houve, no final, um único ponto em que, momentaneamente, pensei que não seria capaz de continuar. Foi após atingir 16.600 dígitos que, por alguns momentos, deu um branco na minha mente: nenhuma forma, nenhuma cor, nenhuma textura, nada. Eu jamais experimentara algo assim antes, como se estivesse olhando para um buraco negro. Fechei bem os olhos e respirei fundo várias vezes, depois senti um formigamento na cabeça e, vindas da escuridão, as cores começaram a fluir de novo e continuei a recitar como antes.

No meio da tarde, eu estava enfim me aproximando do encerramento de minha jornada numérica. Sentia-me exausto após cinco horas e fiquei contente ao ver o final pela frente. Era como se tivesse corrido uma maratona na minha cabeça. Exatamente às quatro e quinze, com a voz trêmula de alívio, recitei os últimos dígitos: "67657486953587" e sinalizei que havia acabado. Eu havia recitado 22.514 dígitos de pi sem nenhum erro no decorrer de cinco horas e nove minutos, batendo um novo recorde britânico e europeu. Os espectadores irromperam em aplausos ruidosos, e Simon correu em minha direção e surpreendeu-me com um abraço. Depois que agradeci aos conferentes por monitorarem a recitação, pediram que eu saísse para mais fotos e para receber a primeira taça de champanhe de minha vida.

A reação subseqüente da mídia ao evento foi fenomenal, bem maior do que qualquer coisa que a organização de caridade ou eu tivéssemos esperado. Nas semanas seguintes, dei entrevistas para vários jornais e estações de rádio, inclusive a BBC World Service e estações em locais tão afastados como Canadá e Austrália.

Uma das perguntas mais comuns naquelas entrevistas foi: qual a razão que leva alguém a decorar tantas casas decimais de um número como o pi? A resposta que dei, e que dou agora, é que o pi é para mim algo extremamente bonito e totalmente singular. Como a *Mona Lisa* ou uma sinfonia de Mozart, pi é seu próprio motivo para ser adorado.

11

Encontro com Kim Peek

Em meio ao furor dos artigos de jornais e entrevistas às rádios após o sucesso da minha tentativa de bater o recorde de recitação de pi, um importante canal de TV do Reino Unido convidou-me para participar de um documentário de uma hora sobre a minha história, a ser exibido na Grã-Bretanha e Estados Unidos no ano seguinte. Os produtores do programa haviam-se impressionado com as imagens que viram de mim em Oxford e especialmente com a minha capacidade de lidar bem com o público e o interesse da mídia. Estavam planejando viajar aos EUA ainda naquele ano para filmar Kim Peek, o *savant* que foi a inspiração da vida real para o personagem do filme *Rain Man*, e acreditavam que minha capacidade de enunciar as próprias experiências como um *savant* facilitaria o meu enfoque pelo programa. Além de encontrar Kim pessoalmente, eu teria também a oportunidade de conhecer alguns dos maiores cientistas e pesquisadores do mundo da síndrome de *savant*, tanto nos Estados Unidos como na Grã-Bretanha. Parecia uma oportunidade única na vida.

Concordei em participar, embora estivesse bem ansioso. Eu não saíra do Reino Unido nos últimos cinco anos (aliás, mal saíra de minha cidade naquele período) e a perspectiva de várias semanas longe de casa, viajando e filmando, me amedrontava. Eu me perguntava se conseguiria enfrentar a programação pesada da viagem, sem as minhas rotinas e rituais de contagem costumeiros. Jamais estivera nos Estados Unidos (embora soubesse recitar as datas, nomes do meio e partidos de cada presidente, de McKinley em diante) e não sabia o que acharia de lá: e se fosse grande demais, ofuscante demais, barulhento demais para mim? E se eu me sentisse esmagado e entrasse em pânico naquele vasto país a um oceano de distância de casa?

O pensamento de estar constantemente em trânsito, de um dia para o outro e de um local para o outro, constituiu a maior fonte de preocupação para mim, minha família e Neil. Embora apoiassem a idéia, aconselharam que eu discutisse bem os detalhes com a equipe de produção. Nas conversas que tive com o pessoal da TV, todos me tranqüilizaram, assegurando que eu nunca seria deixado sozinho num local público (onde pudesse me perder) e que a filmagem não seria invasiva, mas captaria os eventos naturalmente à medida que acontecessem.

A programação fixada pela equipe foi ambiciosa: ziguezaguearíamos de uma costa à outra dos EUA por um período de duas semanas, com pontos de parada no trajeto tão variados como San Diego, Califórnia e Salt Lake City, em Utah. Os produtores do programa rapidamente bolaram o título *Brainman* — "homem do cérebro", um trocadilho com o filme de Dustin Hoffman — que, embora de início me desagradasse, com o tempo passei a aceitar.

Fui apresentado à equipe uma semana antes da viagem, em julho de 2004. Todos foram amigáveis e me ajudaram a ficar à vontade. O câmera, Toby, tinha a mesma idade que eu. Todo mundo estava empolgado — aquele era um tipo de programa completamente diferente para a equipe e eles não sabiam exatamente o que esperar. Eu também estava empolgado, em parte graças à empolgação deles, pois tiro muitas de minhas pistas emocionais das ações e reações daqueles à minha volta. Eu também me sentia feliz por dentro. Uma aventura nova estava começando.

Terminei de fazer as malas na noite antes do vôo: um paletó, dois pares de sapatos, quatro suéteres, seis pares de *shorts* e calças, oito camisetas, 11 pares de meias e cuecas, uma pasta de dentes, uma escova de dentes elétrica, creme para a pele, óleos essenciais, sabonete líquido para o banho e xampu. Neil comprou para mim um telefone celular para que mantivéssemos o contato durante a minha ausência. Seu trabalho impediu que viesse comigo. Mantive o telefone no bolso direito e meu passaporte, passagem e carteira no esquerdo.

Neil levou-me de carro ao aeroporto e abraçou-me antes que eu entrasse no terminal de embarque. Aquela seria a primeira vez, em três anos e meio, que nos separaríamos. Mesmo assim, não percebi que deveria mostrar emoção, e o abraço surpreendeu-me. Dentro do prédio do terminal havia montes de pessoas com bagagens. Circulavam à minha volta por todos os lados, e comecei a me sentir ansioso. Mas quando passei a contar as pessoas nas filas, senti-me melhor. A equipe de gravação já havia chegado e acabamos nos deslocando para a área de espera e depois para o avião.

Era um dia quente e claro, típico do verão, e observei do meu assento o céu azul desaparecer em meio às nuvens à medida que nos elevamos no ar. Um anúncio do piloto informou que o tempo de vôo seria de onze horas até o Aeroporto Internacional de Los Angeles. Sempre que ouço uma estimativa de tempo, visualizo-a na minha cabeça como um comprimento de massa de pão sobre uma mesa, que imagino como tendo uma hora de duração. Por exemplo, consigo entender quanto tempo levará uma caminhada de trinta minutos imaginando um pedaço de massa enrolado pela metade na minha mesa mental. Mas onze horas representavam uma duração sem precedentes para mim e não consegui imaginá-las em minha mente. Isto me deixou muito nervoso e fechei os olhos com força, depois abri-os lentamente e olhei para meus pés até me acalmar.

Gosto de me preparar mentalmente para as coisas que vão acontecer, de ensaiar as diferentes possibilidades ou permutações em minha mente, devido ao desconforto quando algo ocorre de forma súbita ou inesperada. Eu sabia que, quando estivesse a bordo, uma aeromoça acabaria se aproximando para perguntar algo (qual a minha escolha na refeição, por exemplo); assim, imaginei a aeromoça de pé ao meu lado falando comigo. Na minha mente, imaginei-me calmo e respondendo sem dificuldade.

Minhas mãos pairavam continuamente em torno dos bolsos, verificando pela centésima vez se meu telefone estava no direito e meu passaporte e carteira no esquerdo. Ao ouvir o trepidar de carrinhos se aproximando de minha poltrona, senti-me cada vez mais tenso e vigilante. Não gosto de surpresas. Ouvi com atenção algumas conversas das aeromoças com os outros passageiros para saber o que a aeromoça diria para mim. Minha escolha estava pronta na cabeça: ensopado de frango. O carrinho chegou e foi embora sem nenhum contratempo. E fiz uma boa escolha.

A ansiedade não me permitiu dormir durante o vôo. Em vez disso, li a revista de bordo e ouvi música pelos fones de ouvido de plástico fornecidos pela empresa aérea. Ao chegarmos enfim em terra, não pude evitar uma sensação inconfundível de realização: eu havia conseguido. Minha cabeça doía e meus braços e pernas estavam rígidos, mas eu me encontrava nos Estados Unidos.

Lá fora fazia um tempo mais claro e quente do que em Londres. Aguardei enquanto o diretor do documentário tentava alugar um carro. Depois que finalmente conseguimos o veículo, a equipe empilhou a bagagem e caixas repletas de câmeras e equipamento de gravação na traseira. Foi como assistir a um jogo de Tetris. Após várias tentativas, enfim conseguiram fazer com que tudo se encaixasse. A viagem nos levou até San Diego e um hotel perto do mar. Ainda que exausto, fui informado de que os trabalhos começariam cedo no dia seguinte. Dentro de meu quarto, escovei os dentes metodicamente, lavei o rosto com meu número habitual (cinco) de aplicações de água na pia e regulei o despertador para quatro e meia da manhã, antes de subir na cama e cair — imediatamente — em sono profundo.

Quando o despertador voltou à vida com seu som estridente, levantei-me de um salto e cobri as orelhas com as mãos. Minha cabeça doía, pois eu não estava acostumado com o som de um despertador. Tateei com uma mão até encontrar o botão certo e devolvi o silêncio ao quarto. Ainda estava escuro lá fora. Escovei os dentes por exatamente dois minutos e tomei uma ducha. Não gostei do fato de tudo no quarto ser diferente. A boca do chuveiro era maior, a água parecia mais pesada ao cair na minha cabeça e estranhei a textura das toalhas. Depois de me secar, vesti correndo as roupas; pelo menos deram uma sensação familiar e se ajustaram conforme eu esperava. Apreensivo, saí devagar pela porta e desci um lance de escadas até a sala do café-da-manhã no primeiro andar. Esperei Toby chegar, um rosto familiar, antes de me sentar e começar a comer. Comi um brioche com chá e, depois que os outros desceram e terminaram de comer, entramos no carro, que nos conduziu até um conjunto grande de edifícios altos com janelas cintilantes. Tínhamos encontro marcado com o aclamado neurologista professor Ramachandran e sua equipe no Centro de Estudos do Cérebro da Califórnia.

Os cientistas vieram nos receber ao chegarmos. Fomos conduzidos ao escritório do professor, passando por corredores que brilhavam com a luz solar clara vertida pelas janelas que se estendiam ao longo de uma parede inteira. O escritório era grande, mais escuro do que os corredores que levavam até lá, com as paredes repletas de fileiras de livros bem compactas, e uma mesa cheia de modelos de plástico de cérebros e folhas de papel. Fui convidado a me sentar numa cadeira diante do professor e de um dos membros da equipe.

Quando o professor falou, sua voz ribombou. Na verdade, tudo nele parecia berrante — seus olhos grandes e redondos, os cabelos e bigodes espessos e ondulados. Lembro que pensei quão grandes as suas mãos estendidas me pareciam. Seu entusiasmo era óbvio e, de algum modo, ajudou a me deixar à vontade. Embora eu me sentisse nervoso, havia um frêmito de empolgação também.

Pediram que eu fizesse alguns cálculos de cabeça, enquanto o assistente do professor conferia as minhas respostas com uma calculadora. Minha cabeça ainda doía devido à viagem aérea, mas felizmente eu ainda conseguia realizar as operações que os cientistas pediam. Eles então leram alto uma lista de números, pedindo que eu dissesse quais eram primos. Acertei todos. Expliquei como via os números na minha cabeça como cores, formas e texturas. O professor parecia intrigado e impressionado.

No almoço, o assistente do professor, um homem jovem chamado Shai, cabelos de um preto espesso e lustroso, e olhos grandes e redondos como os do professor, acompanhou-me a uma cantina no centro do *campus*. Shai estava fascinado com a descrição de como eu visualizava, na minha cabeça, os números e as respostas aos diferentes cálculos. Mais tarde, chamaram-me para outra sala, onde conheci Ed, mais um membro da equipe do professor Ramachandran. Shai e Ed queriam saber mais sobre as minhas experiências visuais específicas para diferentes números. Sendo difícil encontrar as palavras para descrevêlas, apanhei uma caneta e comecei a desenhar num quadro-branco as formas dos números sobre os quais eles perguntavam. Os cientistas estavam aturdidos. Eles não esperavam que minhas experiências fossem tão complexas como agora pareciam, nem que eu fosse capaz de demonstrá-las com tantos detalhes.

A reação dos cientistas pegou todos de surpresa. Pediram ao diretor se poderiam dispor de mais tempo para estudar algumas de minhas habilidades específicas e minhas experiências visuais dos números. O diretor telefonou para o produtor em Londres, que concordou.

No dia seguinte, com as câmeras filmando, pediram que eu repetisse as minhas descrições e desenhos dos diferentes números do dia anterior. Voltei ao quadro-branco e gradualmente cobri-o de desenhos e ilustrações de como eu via diferentes números e calculava as operações na minha cabeça, recorrendo às minhas formas sinestésicas. Chegaram a pedir que eu desse forma a alguns números com massa de modelar.

Depois pediram que eu observasse uma tela de computador repleta de dígitos do número pi, enquanto meus dedos estavam ligados a um medidor da resposta galvânica da pele. Os cientistas haviam secretamente substituído os noves por seis em pontos aleatórios da seqüência e queriam saber se a mudança desencadearia algo na marcação do medidor. Ao olhar para os números na tela, comecei a me sentir incomodado, fazendo várias caretas, porque conseguia ver que partes de minhas paisagens numéricas estavam rompidas, como se tivessem sofrido a ação de algum vândalo. O galvanômetro mediu flutuações significativas, indicando uma reação fisiológica aos números alterados. Os cientistas, em especial Shai, estavam fascinados.

Às vezes, as pessoas me perguntam se eu não me incomodo de servir de cobaia para os cientistas. Não há nenhum problema nisso, porque sei que estou ajudando a entenderem melhor o cérebro humano, algo que beneficiará todos. Também é gratificante descobrir mais sobre mim mesmo e como minha mente funciona.

À medida que meu tempo com os cientistas foi chegando rapidamente ao fim, numa programação cada vez mais sobrecarregada, Shai perguntou se poderia me levar de carro aos penhascos próximos para olharmos o mar e observarmos os planadores flutuando no céu. Ele estava doido para passar algum tempo comigo longe da equipe de filmagem e das câmeras. Caminhamos juntos ao longo dos penhascos e ele me perguntou sobre meus sentimentos por diferentes números, tomando notas com um bloco e uma caneta que trouxe especialmente para o nosso passeio. As minhas respostas pareciam empolgá-lo ainda mais. "Você sabia que é uma oportunidade única na vida para os cientistas?", ele disse sem rodeios, mas eu não soube responder. Gostei de Shai e prometi manter o contato, que perdura até hoje por *e-mail.*

Nossa próxima parada foi Las Vegas, a "Cidade dos Sonhos" de Nevada e o epicentro incontestável do mundo do jogo. A produção queria demonstrar algumas de minhas habilidades numa abordagem televisiva "leve", e aquele seria o cenário, uma citação à seqüência famosa de *Rain Man.*

Senti sensações ambíguas sobre essa seqüência proposta para o programa. A última coisa que eu queria era banalizar as minhas habilidades ou reforçar o estereótipo errôneo de que todos os autistas eram como o personagem de *Rain Man*. Ao mesmo tempo, entendia que o programa precisava de algumas seqüências divertidas e visuais se intercalando entre as mais científicas. Eu gostava de jogar cartas com os amigos e nunca estivera num cassino antes. A curiosidade acabou me dominando.

O calor no ar de Nevada era incrível, como se um secador de cabelos ligado no máximo estivesse continuamente apontando para mim. Mesmo trajando camiseta de algodão leve e *shorts*, meu corpo logo se empapou de suor enquanto esperávamos o carro alugado nos levar ao hotel seguinte. A viagem felizmente foi rápida e ficamos todos gratos com o ar-condicionado do saguão do hotel ao chegarmos. Passar de carro pelos vários prédios enormes e espalhafatosos havia sido uma experiência nauseante; porém, a sensação de alívio foi prematura.

A visão que nos aguardava em nossa chegada na recepção do hotel rapidamente mitigou qualquer entusiasmo que pudéssemos ter sentido. O produtor, tendo tido grandes dificuldades em encontrar um cassino disposto a permitir a entrada das câmeras de televisão, acabara se contentando com um estabelecimento no centro da cidade, bem menor do que os cassinos mais famosos, que adorara a idéia e até ofereceu quartos sem cobrar. Nossa impressão inicial, porém, não foi boa. O tapete estava sujo e um cheiro de mofo tomava conta do saguão. Para piorar, os funcionários levaram muito tempo, mais de uma hora, para arrumar os nossos quartos.

Entretanto, depois que recebemos as chaves, achamos os quartos surpreendentemente espaçosos e confortáveis. Ao cair da noite, fui levado até o carro e filmado enquanto descíamos a famosa avenida principal de Las Vegas, com seu brilho vindo de todas as direções provenientes das luzes deslumbrantes dos cassinos. Entrelacei as mãos com força e senti que meu corpo se tornava tenso e rígido, perturbado ao ver-se cercado por tantos estímulos. Felizmente, o percurso não foi longo. Comemos juntos num restaurante próximo antes de irmos cedo para cama.

Na manhã seguinte, a equipe esteve ocupada por um longo tempo armando o cenário numa parte tranqüila da área de mesas de vinte-e-um, antes de vir me buscar na outra manhã. A gerência do cassino providenciara uma grande quantidade de fichas "de brinquedo" para usarmos na seqüência. Conheci o proprietário do cassino e fui apresentado ao crupiê, que rapidamente explicou as regras do jogo para mim.

O vinte-e-um ou *blackjack* é um dos mais populares jogos de cartas com apostas. O objetivo do jogo é apostar, em cada rodada, se as cartas do jogador superarão as do crupiê, sem ultrapassar 21 pontos. Um ás pode valer 1 ou 11, e as cartas de figuras (valetes, damas, reis) valem 10 pontos.

No início de cada rodada, as apostas iniciais se realizam e o crupiê entrega duas cartas a cada jogador e para si mesmo. Uma das duas cartas do crupiê fica virada para baixo. Uma carta de figura mais um ás denomina-se "*blackjack*" (literalmente, valete preto) e resulta em vitória imediata. Senão, o crupiê dá a cada jogador a opção de pedir cartas extras (*hits*) ou ficar com o total existente ("manter"). Se o jogador ultrapassar 21 ("quebrar"), ele perde. Após as decisões dos jogadores, o crupiê revela a carta oculta e decide se deve ou não pegar cartas adicionais. Se tiver um escore inferior a 17, tem de pegar uma ou mais cartas extras até atingir um valor total mínimo de 17. Se o crupiê quebrar, todos os jogadores restantes vencem.

A prática de contagem das cartas é conhecida no vinte-e-um e consiste em acompanhar mentalmente a seqüência de cartas jogadas, na tentativa de ganhar uma pequena vantagem em relação ao crupiê, aumentando a aposta quando a contagem é favorável (por exemplo, quando os baralhos restantes contêm muitas figuras) e diminuindo-a quando desfavorável. Em sua forma mais simples, a contagem de cartas envolve atribuir um valor positivo ou negativo a cada carta; cartas de valores baixos, como 2 e 3, recebem um valor positivo, enquanto os 10 recebem um valor negativo. O contador então mantém um registro mental constante do número de pontos, à medida que as cartas são distribuídas, fazendo ajustes regulares na contagem geral, levando em conta o número aproximado de cartas ainda por distribuir.

A contagem de cartas não é fácil, e mesmo os praticantes mais habilidosos ganham apenas em cerca de 1% das ocasiões usando esse método. Os cassinos costumam expulsar das suas mesas os suspeitos de contagem de cartas. A nossa mesa usou um dispensador de cartas de oito baralhos, significando que havia 416 cartas em jogo, um número suficiente para minimizar qualquer vantagem possível da contagem.

Os cassinos são ambientes ruidosos e perturbadores para se jogar, e um dos maiores desafios foi tentar me concentrar. Ao me sentar no tamborete em frente ao crupiê, concentrei-me nos baralhos de cartas, observando atentamente enquanto eram individualmente abertos, embaralhados e empilhados antes do início do jogo. As câmeras à minha volta atraíram curiosos, e logo uma multidão me cercou enquanto eu jogava.

Eu deveria jogar por um período predeterminado. O cassino reservara a mesa especialmente para mim, de modo que eu era o único jogador. Era o crupiê contra mim. Tentando entrar no clima do jogo, comecei com julgamentos simples baseados nas cartas exibidas a cada rodada: eu "mantinha" se recebesse um 10 e 8 e pedia um "*hit*" se recebesse 3 e 9 (exceto se o crupiê mostrasse um 4, 5 ou 6, caso em que eu mantinha), uma técnica conhecida como "estratégia básica".

Mesmo quando o jogador otimiza a estratégia básica, o crupiê continua com uma vantagem estatística. Com o tempo, a minha pilha de fichas foi-se esgotando. O meu faro sobre o jogo, porém, estava bem melhor do que no princípio. Eu tomava minhas decisões com mais rapidez e me sentia mais à vontade na mesa. Tomei uma decisão súbita de jogar instintivamente, baseando-me em como estava experimentando o fluxo de números na minha cabeça como uma paisagem visual ondulante, com picos e vales. Quando minha paisagem numérica mental atingia o pico, eu apostava mais agressivamente do que quando despencava.

Uma mudança ocorreu: passei a ganhar cada vez mais rodadas individuais. Relaxei e comecei a curtir o jogo bem mais do que antes. Num ponto-chave, recebi um par de 7, com o carteador mostrando um 10*. A estratégia básica manda pedir um *hit*. Em vez disso, segui meu instinto e dividi o par, dobrando a aposta original. O crupiê tirou uma terceira carta, que também foi um 7. Perguntei se podia dividir aquele 7. O carteador ficou surpreso: trata-se de um lance extremamente incomum contra um 10 da banca. A carta foi dividida, e eu agora tinha três mãos de 7 e minha aposta original triplicada, contra um 10. O público atrás de mim estava desaprovando de forma audível. Um homem observou em voz alta: "O que ele está fazendo dividindo 7 contra um 10?" O crupiê passou a distribuir cartas extras para cada um dos três 7 — a primeira mão totalizou 21. Depois, mais cartas para a segunda mão: outro 21. Finalmente veio o terceiro 7, e de novo um total arrasador de 21. Três 21

(*) Segundo as regras do jogo, se o jogador recebe um par nas cartas iniciais, pode dividi-lo em duas mãos separadas. (N. do T.)

consecutivos numa única rodada contra o crupiê. De uma só tacada, eu havia recuperado o prejuízo e quebrado a banca.

Apesar de todos esses acontecimentos, eu estava contente por deixar Las Vegas. Quente demais, cheio demais, luzes cintilantes demais. O único momento em que me senti à vontade foi entre as cartas. Eu sentia cada vez mais saudades de casa e, após voltar ao hotel, liguei para Neil do meu quarto, irrompendo em lágrimas ao som de sua voz. Ele disse que eu estava me saindo bem e devia perseverar. Ele estava orgulhoso de mim. Eu ainda não sabia que o episódio mais importante e especial de toda a viagem estava bem à minha frente.

Voamos até Salt Lake City, a capital do estado de Utah e sede da religião mórmon, no dia seguinte. O percurso de carro do hotel à biblioteca pública da cidade foi curto. O prédio era extraordinário: seis andares de paredes sinuosas e transparentes cobrindo quase 22.300 metros quadrados e contendo mais de meio milhão de livros, com lojas e serviços no andar térreo, galerias de leitura logo acima e um auditório de trezentos lugares. Com meu amor permanente por livros e recordações dos anos em que passava os dias lendo durante horas nas minhas pequenas bibliotecas locais, aquele me pareceu o paraíso.

O espaço imenso estava infundido de luz do sol, e senti a vibração familiar da tranqüilidade dentro de mim. As bibliotecas sempre tiveram o poder de me trazer paz. Nada de multidões, apenas pequenos bolsões de indivíduos lendo ou caminhando de uma estante para outra ou de uma mesa para outra. Nenhuma irrupção súbita de barulho, apenas o folhear suave das páginas ou o tagarelar íntimo entre amigos e colegas. Eu nunca vira nem visitara uma biblioteca como aquela; realmente pareceu o palácio encantado de um conto de fadas.

Pediram que eu me sentasse num banco no andar térreo e esperasse, de modo que contei as fileiras de livros e as pessoas que passavam silenciosamente por mim. Eu poderia ter ficado ali sentado durante horas. O diretor veio me apanhar e me conduziu de elevador ao segundo andar. Ali, fileiras e mais fileiras de livros iam até onde a vista podia alcançar. Um homem idoso aproximou-se e apertou minha mão. Apresentou-se como Fran Peek, pai e guardião em tempo integral do filho, Kim.

Kim Peek é um milagre. Ao nascer em 1951, os médicos informaram os pais de que ele jamais andaria ou aprenderia algo, devendo ser internado num asilo. Kim nasceu com uma cabeça alargada e uma bolha d'água dentro do crânio que danificou o hemisfério esquerdo, o lado do cérebro envolvido em áreas cruciais como a fala e a linguagem. Uma tomografia em 1988 revelou aos neurocientistas que ele não tinha corpo caloso, a membrana que separa os dois hemisférios do cérebro. Mesmo assim, Kim aprendeu a ler aos 16 meses e completou o currículo do ensino médio aos 14 anos.

Kim memorizou uma vasta quantidade de informações, de mais de uma dúzia de temas, no decorrer dos anos, variando de história e datas a literatura, esportes, geografia e música. Consegue ler duas páginas de um livro simultaneamente, uma com cada olho, com uma retenção quase perfeita. Kim leu mais de nove mil livros ao todo e consegue lembrar todo o conteúdo de cada um deles. Ele também é um talentoso calculador de calendário.

Em 1984, Kim e seu pai conheceram o produtor Barry Morrow numa conferência da Association of Retarded Citizens em Arlington, Texas. O resultado foi o filme *Rain Man*. Dustin Hoffman passou o dia com Kim e, de tão impressionado com suas habilidades, convenceu Fran a compartilhar seu filho com o mundo. Desde então, Kim e o pai cruzam os Estados Unidos e já falaram para mais de um milhão de pessoas.

Aquele seria um momento pelo qual eu aguardara muito tempo; pela primeira vez na vida, eu conheceria e falaria com outro *savant*. Fran contara ao filho quem eu era e por que nos encontraríamos. A escolha da biblioteca pública da cidade para o nosso encontro foi por motivos óbvios: para mim e Kim, as bibliotecas são lugares especiais, plenas de quietude, luz, espaço e ordem.

Após conhecer Fran, fui apresentado a Kim. De pé junto ao pai, Kim era uma figura corpulenta, de meia-idade, com uma massa de cabelos grisalhos e olhos penetrantes e inquiridores. Rapidamente segurou meu braço e ficou bem perto de mim. "Diga a data do seu nascimento", Fran sugeriu. "31 de janeiro de 1979", eu disse. "Você fará 65 anos num domingo", respondeu Kim. Assenti com a cabeça e perguntei sua data de nascimento. "11 de novembro de 1951", respondeu. Dei um amplo sorriso: "Você nasceu num domingo!" O rosto de Kim se iluminou e senti que havíamos nos conectado.

Fran tinha uma surpresa para mim: o Oscar ganho por Barry Morrow, roteirista de *Rain Man*, que este generosamente ofereceu aos Peeks para levarem em suas viagens de conferências. Segurei a estatueta cuidadosamente com as duas mãos. Era bem mais pesada do que parecia. Pediram que eu me sentasse com Fran para conversarmos sobre a infância de Kim. Portanto, fomos até um canto com cadeiras de couro confortáveis e nos sentamos, enquanto Kim ficou lendo um livro que lhe deram. Fran falou com veemência sobre a reação dos médicos aos problemas de seu filho quando jovem: "Fomos aconselhados a interná-lo num asilo e esquecê-lo." Um neurocirurgião chegou a se oferecer para lobotomizar Kim a fim de facilitar a internação.

Eu quis saber mais sobre a vida atual de Kim e pedi a Fran que descrevesse a rotina de um dia típico. "Kim fala com a mãe ao telefone todas as manhãs e vem aqui todo dia e lê durante horas. À noite, vamos visitar uma vizinha idosa. Kim lê para ela."

Perguntei sobre as viagens de conferências de Kim. "Sempre viajamos juntos e nunca pedimos nenhum dinheiro. Visitamos lugares como escolas, faculdades e hospitais. Kim consegue dizer a eles quase tudo que querem saber: datas, nomes, estatísticas, códigos postais, é só escolher o assunto. O público faz todo tipo de pergunta e ele sempre apresenta muitas informações, mais do que eu pensava que ele soubesse. Dificilmente não sabe a resposta. Sua mensagem é: 'Você não precisa ser um deficiente para ser diferente, porque todo mundo é diferente'."

Terminamos a conversa e pude percorrer as estantes da biblioteca sozinho com Kim. Este segurou minha mão enquanto andávamos. "Você é um *savant* como eu, Daniel", disse entusiasmado e apertou minha mão. Ao caminharmos em meio às estantes, observei que Kim parava brevemente, apanhava um livro da estante, folheava umas páginas como que familiarizado com o conteúdo e o colocava de volta. Às vezes, murmurava um nome ou data em voz alta ao ler. Todos os livros tratavam de temas não-fictícios; os romances não pareciam interessar-lhe. Algo mais que tínhamos em comum.

"O que você mais gosta de fazer aqui, Kim?", perguntei, e sem dizer uma palavra ele me conduziu a uma seção com fileiras de livros grossos encadernados com couro vermelho. Eram os catálogos telefônicos de cada cidade do condado de Salt Lake. Kim apanhou um da estante e sentou-se em uma mesa próxima. Trazia consigo um caderno e caneta, e copiou vários nomes e números do catálogo. Observei-o e perguntei se também gostava de números. Ele assentiu lentamente com a cabeça, absorto em suas anotações.

Sentei-me com Kim e lembrei que Fran me contara que Kim gostava quando lhe perguntavam sobre datas e cifras históricas. História era um dos temas favoritos de Kim. "Em que ano Vitória tornou-se rainha da Inglaterra?", perguntei. "1837", Kim respondeu num instante. "Quantos anos teria Winston

Churchill se estivesse vivo?" "Cento e trinta." "Em que dia da semana cairia o seu aniversário este ano?" "Seria uma terça, o último dia de novembro."

Sob a supervisão de Fran e da equipe, fomos conduzidos ao térreo da biblioteca, onde Kim apontou para as diferentes fileiras de estantes e explicou quais livros elas continham. Ao sairmos, deparamos com um brilhante sol de meio de tarde e paramos, Kim segurando de novo as minhas mãos. De pé ao meu lado, olhou para os meus olhos e disse: "Um dia você será tão notável como eu." Foi o melhor elogio que já recebi.

Concordei em encontrar Kim e Fran naquela noite para jantarmos num restaurante. Kim contou suas lembranças do encontro com Dustin Hoffman e sobre o espanto do ator diante das habilidades e do caráter amigável de Kim. Tanto o pai como o filho enfatizaram a importância de continuar compartilhando as habilidades de Kim e sua mensagem de respeito pelas diferenças com o máximo de pessoas possível.

Deixamos Kim e Fran em Salt Lake City com grande relutância. Cada membro da equipe contou o quanto havia aprendido com a experiência de conhecer Kim e seu pai. A história deles de amor incondicional e de dedicação e perseverança em face da adversidade foi extremamente inspiradora. Para mim, havia sido uma experiência simplesmente inesquecível. Kim lembrou-me da sorte que eu tinha, apesar de minhas próprias dificuldades, de ser capaz de viver o tipo de vida independente que ele não consegue. Foi também uma alegria encontrar alguém que amava os livros e fatos e cifras tanto quanto eu.

Ao voarmos de volta para casa, fui deixado com vários pensamentos. Kim e eu tínhamos tanto em comum, mas o mais importante de tudo foi a sensação de conexão que acho que ambos sentimos durante o nosso tempo juntos. As nossas vidas haviam sido, em muitos aspectos, bem diferentes, mas mesmo assim compartilhávamos aquele laço especial e elevado. Tal laço contribuíra para nos reunir, e naquele dia lembramos um ao outro do valor extraordinário da amizade. Eu me emocionara com o entusiasmo com que ele e seu pai haviam-me acolhido e com que haviam compartilhado, de forma aberta e franca, a sua história. O dom especial de Kim não é apenas seu cérebro, mas também seu coração, sua humanidade, sua capacidade de atingir a vida dos outros de uma forma realmente singular. Encontrar Kim Peek foi um dos momentos mais felizes da minha vida.

12

Reykjavík, Nova York, Lar

Após meu retorno ao Reino Unido, os produtores do programa propuseram mais um desafio para mim: aprender uma nova língua, do zero, em uma semana, diante das câmeras. Eles haviam passado vários meses pesquisando diferentes possibilidades até enfim decidir pelo islandês — uma língua declinada, em grande parte inalterada desde o século XIII e comparável ao inglês arcaico, falada atualmente por cerca de trezentas mil pessoas. Eis um exemplo escrito, para dar uma idéia do seu aspecto.

> Mörður hér maður er kallaður var gígja. Hann var sonur Sighvats hins rauða. Hann bjó á Velli á Rangárvöllum. Hann var ríkur höfðingi og málafylgjumaður mikill og svo mikill lögmaður að engir þóttu löglegir dómar dæmdir nema hann væri við. Hann átti dóttur eina er Unnur hét. Hún var væn kona og kurteis og vel að sér og þótti sá bestur kostur á Rangárvöllum.

> Havia um homem chamado Mord cujo sobrenome era Rabeca; filho de Sigvat, o Vermelho, morava no "Vale" em Rangrivervales. Era um chefe poderoso e julgava muitos processos, um advogado tão importante que nenhum julgamento era considerado válido sem a participação dele. Tinha uma filha única,

chamada Unna. Uma mulher bonita, cortês e talentosa, considerada o melhor partido em todo Rangrivervales. — Trecho da *Brennu-Njáls Saga* [*A Saga de Njál Queimado*], a saga mais famosa da Islândia, datada do século XIII.

O islandês é considerado uma língua muito complexa e difícil de aprender. Por exemplo, existem nada menos do que 12 palavras diferentes para cada um dos números de 1 a 4, dependendo do contexto da frase. Os substantivos islandeses podem ter um dentre três gêneros: masculino, feminino e neutro. Os adjetivos mudam de acordo com o gênero do substantivo que descrevem: *Gunnar er svangur* (Gunnar está faminto) mas *Helga er svöng* (Helga está faminta), onde Gunnar é homem e Helga, mulher. Além disso, os islandeses não adotam palavras de outras línguas como faz a maioria das demais, mas criam suas próprias palavras para coisas modernas: *tölva* para "computador" e *simi* para "telefone" (de uma palavra do islandês antigo significando "fio").

Em setembro, a escolha da língua pelos produtores do programa foi enfim revelada num pacote enviado à minha casa. Continha um dicionário de bolso, um livro infantil, duas gramáticas e vários jornais. A produção havia decidido, por razões orçamentárias, permanecer apenas quatro dias na Islândia, em vez da semana originalmente planejada, motivo pelo qual o material de aprendizado da língua havia sido remetido à minha casa vários dias antes da viagem. Entretanto, havia uma grande dificuldade: o dicionário fornecido era muito pequeno, tornando quase impossível começar a decodificar os textos fornecidos pela produção para o meu estudo. Eu também estava insatisfeito com a redução da permanência na Islândia para quatro dias, em vez dos sete originalmente planejados, pois o desafio lingüístico culminaria com uma entrevista televisionada ao vivo de Reykjavík conduzida inteiramente em islandês. Para ter sucesso no desafio, eu precisava me expor o máximo possível à língua falada.

Diante daquela situação, fiz o melhor que podia com o material de que dispunha. Aprendi frases comuns e vocabulário nos livros de gramática e pratiquei a formação de minhas próprias frases com os padrões de palavras que consegui selecionar nos diferentes textos. Um dos livros veio com um CD, e tentei ouvi-lo para ter uma noção da inflexão e pronúncia, mas tive muita dificuldade de concentração devido à maneira como a atenção do meu cérebro oscila enquanto ouve. Com outra pessoa, consigo escutar com atenção, fazendo um esforço especial para conservar o nível de concentração até o final. Mas acho isto bem mais difícil ao ouvir um CD, talvez pela falta da exigência de me esforçar tanto para manter o envolvimento. Como resultado dessas dificuldades, estava começando a me sentir bem desanimado quando chegou o dia do vôo.

Chegou a hora de dizer tchau para Neil outra vez, embora dessa vez a ausência seria de poucos dias. Um táxi me apanhou e me conduziu ao aeroporto, onde encontrei a equipe de filmagem. Felizmente, a plataforma de embarque estava tranqüila, com poucas pessoas transitando. Eu trouxera os livros comigo na bagagem, mas esperava receber materiais de aprendizado melhores quando chegássemos na Islândia. O vôo não foi demorado e passei a maioria do tempo olhando pela janela ou lendo as histórias no livro infantil islandês.

A Islândia é um dos menores países do mundo, com uma população pouco superior a um quarto de milhão. Situa-se no Atlântico Norte, ligeiramente ao sul do Círculo Polar Ártico. Localizada num ponto geológico quente na dorsal oceânica do meio do Atlântico, a atividade geológica na ilha é intensa. Possui muitos vulcões e gêiseres ativos, e a energia geotérmica aquece muitos lares de islandeses. A taxa de alfabetização da nação é de 100%, a poesia e a literatura são muito populares. Mais livros, revistas e periódicos são publicados *per capita* do que em qualquer outra parte do mundo.

Depois de chegarmos ao aeroporto de Keflavík, uma simples viagem de ônibus levou-nos à maior cidade da Islândia, a capital Reykjavík (com uma população pouco superior a 110 mil, tem o apelido de *Stœrsta smáborg i heimi* — "a maior cidade pequena do mundo").

O verão chegava ao fim, embora o tempo ainda estivesse agradável: o ar frio e puro, mas não gelado. O ônibus tinha longas janelas reluzentes de ambos os lados e, olhando para fora durante o percurso, vimos longas e grandes faixas de nuvens cinza-prateadas pendendo do céu e, embaixo, um fluxo de paisagem rude azul metálica à distância. Ao nos aproximarmos de Reykjavík, eu podia ver a luz do dia se enfraquecendo e dispersando, e fechei os olhos e contei para mim mesmo, em islandês: *einn, tveir, þrír, fjórir*....

No hotel, tive meu primeiro encontro com minha instrutora islandesa Sigriður, embora ela pedisse que eu a chamasse de "Sirrý", para simplificar. Sirrý trabalhava com estudantes estrangeiros como instrutora na universidade local, mas disse que nunca ouvira falar de ninguém que tentasse aprender a falar islandês num espaço de tempo tão curto e tinha dúvidas se isso seria possível. Numa bolsa, Sirrý carregava os mais diversos materiais de leitura para estudarmos juntos. Sempre que surgia uma oportunidade, abríamos os livros e eu lia as páginas em voz alta para ela verificar minha pronúncia e ajudar nas palavras que eu não entendesse.

A grande quantidade de leituras ajudou-me a desenvolver uma noção intuitiva da gramática da língua. Uma das coisas que percebi foi que diversas palavras vão aumentando de comprimento à medida que avançam numa frase. Por exemplo, a palavra *bók* (livro) costuma ser mais comprida quando usada no início da frase: *Bókin er skrifuð á íslensku* (o livro está escrito em islandês) e ainda mais comprida no final: *Ég er nýbúinn að lesa bókina* (Acabei de ler o livro). Outro exemplo é a palavra *borð* (mesa): *Borðið er stórt og þungt* (a mesa é grande e pesada) e *Orðabókin var á borðinu* (o dicionário estava sobre a mesa). A localização espacial da palavra numa frase ajudava-me a saber a forma gramatical que provavelmente assumiria.

A pressão do tempo mostrou-se a parte mais dura do desafio. Uma grande quantidade do pouco tempo de estudo restante foi gasta num carro sendo conduzido por diversos locais para filmagens — problema agravado ainda mais pelo fato de que Sirrý tendia a enjoar ao andar de carro. Houve, é claro, um lado positivo em ser levado para visitar vários lugares diferentes: a Islândia é um local visualmente estonteante e aquela foi uma oportunidade para mim de absorver a atmosfera, algo que teria sido impossível numa sala de aula ou quarto de hotel.

Passamos um dia em Gullfoss, que significa "a cachoeira dourada". Situada no gélido rio Hvita, a enorme cascata branca cai 32 metros dentro de um cânion estreito, com 70 metros de profundidade e 2,4 quilômetros de comprimento. Visto de perto, o chuvisco fino constantemente lançado no ar repleto de umidade parecia a forma como eu vejo o número 89 na minha cabeça. Essa sensação não foi única. Protegido do chuvisco em uma pequena e sombria caverna próxima, lavrada pelo vento, senti como se tivesse escalado até o interior da escuridão oca do número 6. Mesmo as curvas onduladas das montanhas distantes me lembravam seqüências numéricas. Foi então que me senti mais em casa na Islândia.

Uma viagem aos campos térmicos no Vale de Haukadalur forneceu a oportunidade de ver de perto os famosos gêiseres em erupção da Islândia.

A palavra *gêiser* vem do verbo islandês *gjósa*, que significa "jorrar". São um fenômeno raro — existem apenas uns mil no mundo inteiro. A atividade dos gêiseres é causada pela água da superfície gradualmente se infiltrando pelas fissuras abaixo da terra e se acumulando em cavernas. A água aprisionada é aquecida pela rocha vulcânica circundante até uma temperatura de cerca de duzentos graus centígrados, expandindo-se em vapor e forçando caminho para cima e para fora. No final, a água restante no gêiser volta a se resfriar abaixo do ponto de ebulição e a erupção termina; a água aquecida da superfície volta a se infiltrar no reservatório e o ciclo inteiro recomeça.

Observar a erupção do gêiser foi fascinante. De início, a água turquesa começa a ferver, depois bolhas grandes se formam e estouram, atraindo a água fumegante para cima. A própria erupção é súbita e violenta, produzindo uma coluna grossa e ascendente de água brilhante, com dez ou mais metros de altura. O ar ao redor do gêiser fica permeado com o cheiro de enxofre, como ovos podres, felizmente dispersado pelo vento.

Os deslocamentos por longos períodos seguidos entre as filmagens eram bem cansativos, as pausas para as refeições sendo sempre bem-vindas. Enquanto a equipe devorava hambúrgueres e batatas fritas, eu experimentava pratos islandeses tradicionais, como *kjötsúpa* (sopa de cordeiro) e *plokkfiskur* (uma espécie de picadinho de peixe). Na medida do possível, conversava apenas em islandês com Sirrý, enquanto tomava notas num grande caderno preto que carregava comigo o tempo todo.

O auge do desafio chegou com uma entrevista ao vivo na televisão no popular programa de atualidades *Kastljós* (Refletor). Eu estava nervoso, mas também confiante antes da entrevista, embora não tivesse a menor idéia do tipo de perguntas que os entrevistadores fariam. Por quase quinze minutos, conversei com os dois apresentadores inteiramente em islandês, diante de um público de centenas de milhares de pessoas. Foi uma experiência assustadora sentar-me diante das câmeras e conversar inteiramente numa língua com que me familiarizara apenas na semana anterior. Ainda mais estranho foi o fato de entenderem tudo que eu dizia. No decorrer da semana, observando vários islandeses conversando em sua língua nativa, aquilo parecera tão fácil e natural para eles, como se estivessem respirando islandês. Em contraste, a minha fala foi mais lenta e hesitante. Eu expliquei aos entrevistadores: "*Ég er með islensku asma*" (Eu tenho asma islandesa).

Houve outras entrevistas para a mídia local em Reykjavík e uma aparição no principal programa de televisão islandês do início da manhã, as entrevistas igualmente conduzidas totalmente em islandês. Naquele programa, Sirrý também apareceu comigo, sendo muito elogiosa sobre o meu desempenho naquela semana em que estivera estudando a língua. Sirrý também deu uma entrevista em inglês para o documentário, em que disse que nunca antes tivera um aluno como eu e que eu "não era humano"! Fiquei muito grato a ela, ainda mais porque sua ajuda e encorajamento haviam sido preciosos para mim.

Retornando de Reykjavík ao final das filmagens do documentário, tive a oportunidade de refletir sobre quão longe chegara. Apenas alguns anos antes, pareceria impossível que eu fosse capaz de viver uma vida tão independente: visitar e percorrer um país do tamanho dos Estados Unidos, conhecer todos os tipos de pessoas e ver todos os tipos de lugares, e ter a confiança de compartilhar com o mundo meus pensamentos e experiências mais profundos. A visita à Islândia também havia sido incrível e comovente, e me senti um privilegiado por ter sido acolhido de forma tão cordial e entusiasmada pelo povo islandês. Foi a coisa mais estranha: as mesmas habilidades que me haviam distanciado e isolado dos colegas quando criança e adolescente haviam realmente ajudado a me conectar com as outras pessoas na vida adulta e fazer novos amigos. Foram meses incríveis para mim, e ainda não haviam terminado.

Bem cedo numa manhã da primavera seguinte, recebi um telefonema informando que eu havia sido convidado a aparecer numa edição próxima do *Late show with David Letterman*. O contato fora realizado pelo Science Channel, da Discovery, que transmitira *Brainman* pela primeira vez várias semanas antes nos Estados Unidos. A reação ao programa havia sido muito positiva, incluindo uma resenha detalhada no *New York Times*. Embora eu nunca tivesse assistido ao programa de Letterman, ouvira falar nele e sabia que era antigo e popular. A equipe do Science Channel concordou em arcar com os custos da viagem a Nova York para a gravação e já havia organizado um cronograma para mim. Só tinha um problema: eu teria de viajar naquela tarde, já que a entrevista estava programada para o dia seguinte.

Por sorte, Neil estava trabalhando em casa e concordou em ajudar a fazer a mala e me levar ao aeroporto. As reservas foram prontamente providenciadas pelo computador, de modo que eu só precisava me aprontar e ir. Foi bom que tudo tenha acontecido tão subitamente; assim, não tive tempo de me sentir ansioso e tive de me concentrar plenamente nas coisas rotineiras, como me lavar e me vestir e fazer a mala. No carro a caminho do aeroporto, Neil tentou me ajudar a ficar calmo, dizendo para eu curtir a experiência e ser eu mesmo.

A poltrona no avião era grande e confortável, e consegui dormir quase o tempo todo, o que me ajudou muito. Ao descermos no Aeroporto Internacional JFK, segui os outros passageiros para fora do avião e por numerosas passagens, até chegarmos nas longas filas da segurança. Quando chegou minha vez, aproximei-me da cabine e entreguei o passaporte. O homem do outro lado do vidro perguntou quanto tempo eu planejava permanecer nos Estados Unidos e respondi: "Dois dias." Surpreso, ele observou: "Só dois dias?" e anuiu com a cabeça.

Ele olhou fixamente para mim por um momento, depois devolveu meu passaporte e acenou para que eu passasse. Após apanhar minha mala, caminhei até a área de desembarque e vi um homem segurando um cartaz com meu nome. Eu havia sido informado de que um motorista estaria à minha espera depois que eu chegasse no JFK, de modo que caminhei ao seu encontro; ele pegou minha mala e fomos até o carro, comprido, preto e muito reluzente. Fui levado a um hotel em Central Park South, Manhattan, e deixado ali. Não muito tempo atrás, eu me aterrorizaria ante a idéia de entrar num hotel sozinho e tentar encontrar meu caminho em meio a todos os diferentes quartos numerados, sem acabar me perdendo totalmente. Àquela altura, porém, eu estava tão acostumado com hotéis que não houve problema. Apanhei minhas chaves, subi as escadas até meu quarto e fui para cama.

Na manhã seguinte, encontrei-me com uma representante da equipe do Science Channel chamada Beth. Cabia a ela cuidar para que eu me vestisse adequadamente para o programa (cores, nada branco e nenhuma listra, por exemplo) e fazer com que eu me sentisse o mais calmo e confortável possível antes da gravação. Descemos juntos uma série de ruas compridas e movimentadas até o Ed Sullivan Theater, um estúdio de rádio e televisão localizado no número 1.697 da Broadway e palco do *Late Show* nos últimos doze anos. Após receber meu passe de segurança, fui saudado pela equipe de produção do programa, que informou os horários do episódio do dia. Perguntei se poderiam me mostrar o estúdio, para que eu me sentisse seguro ao entrar lá durante a gravação real ainda naquela tarde. Ficava pertinho dos bastidores e um único degrau levava à plataforma principal, onde eu cumprimentaria David e me sentaria. A poltrona era ampla e macia, mas o próprio estúdio estava bem frio. Contaram que David faz questão de uma temperatura de 14,5 graus centígrados. Torci para não tremer demais durante o programa.

Deu tempo de almoçar no hotel antes de retornar ao estúdio para a gravação às quatro e meia da tarde. Fui conduzido a uma salinha de onde assisti ao segmento de abertura do programa num aparelho de TV na parede, antes de ser conduzido à sala de maquiagem. As cerdas do pincel deram uma sensação macia e agradável na minha pele, e me senti surpreendentemente relaxado ao me levarem até o cenário abaixo e me mostrarem onde ficar, enquanto um intervalo comercial começava. Aí ouvi David anunciar-me ao público e recebi um sinal do supervisor para ir. Seguindo os preparativos anteriores daquele dia, lembrei de manter a cabeça erguida ao entrar em cena e dar a mão a David, antes de me sentar. Procurei manter o contato visual durante a entrevista. O público estava suficientemente afastado das luzes do palco para não ser visível, podendo apenas ser ouvido. Aquilo foi bom para mim, porque deu a sensação de que David era a única pessoa com quem eu estava falando. Ele começou seriamente, perguntando sobre meu autismo e as convulsões que eu tivera quando criança, e até me elogiou pelas habilidades sociais, momento em que o público começou a aplaudir. Dali para frente, não senti qualquer ansiedade. Quando comecei a descrever meu recorde do pi, David interrompeu e fez um trocadilho com a palavra inglesa *pie* (torta), e o público riu. Perguntou também em que dia da semana ele havia nascido e disse sua data de nascimento: 12 de abril de 1947. Respondi que ele nasceu num sábado e que faria seu 65º aniversário em 2012, numa quinta-feira. O público aplaudiu ruidosamente. Quando a entrevista chegou ao fim, David cumprimentou-me com firmeza e todos nos bastidores aplaudiram quando passei por eles. Beth parabenizou-me e comentou o quão calmo e sereno eu parecera na tela da televisão. Aquela experiência mostrou, mais do que qualquer outra, que eu realmente era agora capaz de abrir caminho pelo mundo, de fazer sozinho coisas que a maioria das pessoas considera normais, como viajar de uma hora para a outra, permanecer sozinho num hotel ou percorrer uma rua movimentada sem me sentir esmagado pelas diferentes visões e sons e cheiros ao meu redor. Senti-me exultante pelo pensamento de que meus esforços não foram em vão, tendo me levado a um ponto além dos meus sonhos mais visionários.

O documentário *Brainman* foi primeiro transmitido no Reino Unido em maio de 2005 e teve uma audiência recorde. Desde então, foi vendido para mais de quarenta países no mundo inteiro, da Suíça à Coréia do Sul. Recebo regularmente *e-mails* e cartas de indivíduos que assistiram ao programa e foram tocados ou inspirados por ele, e é empolgante pensar que minha história ajudou tantas pessoas.

A reação da minha família ao programa também foi muito positiva. Meu pai contou que se sente orgulhoso das minhas realizações. Depois que uma queda recente o deixou parcialmente deficiente, ele vive em uma instituição especialmente equipada, onde recebe cuidados médicos constantes e apoio, perto da casa da família. Neil e eu vamos de carro a Londres regularmente visitá-lo. Ao ficar mais velho, a saúde mental do meu pai se estabilizou e ele inclusive tem contribuído com artigos, baseados em sua experiência, para um boletim informativo de um grupo de apoio local.

Nem sempre senti uma ligação emocional forte com meus pais, irmãos e irmãs na fase de crescimento, e, na época, não encarei isto como algum tipo de desatenção, pois eles simplesmente não faziam parte do meu mundo. As coisas são diferentes agora: sei quanto a minha família me ama e fez por mim ao longo dos anos, e, à medida que tenho ficado mais velho, o relacionamento entre mim e minha família vem sempre melhorando. Acho que o fato de me apaixonar contribuiu para me aproximar de meus sentimentos, não apenas em relação a Neil, mas também à minha família e amigos, e aceitá-los. Tenho um bom relacionamento com minha mãe; conversamos pelo telefone regularmente e gostamos das nossas conversas. Ela continua desempenhando um papel muito importante e apoiador na minha vida, me encorajando e tranqüilizando como sempre fez.

A maior parte dos meus irmãos e irmãs são agora jovens adultos, assim como eu. Não me misturei muito com eles quando criança, mas como adultos fomos gradualmente nos aproximando e aprendi muito mais sobre cada um deles. Aquele com a idade mais próxima da minha, o meu irmão Lee, trabalha como supervisor ferroviário e é viciado em computador. Minha mãe reclama que ele passa o tempo todo, quando não está trabalhando, diante do monitor.

A minha irmã Claire está no último ano da universidade de York, estudando literatura inglesa e filosofia. Como eu, sente um forte interesse por palavras e pela linguagem, e planeja tornar-se professora depois que completar os estudos.

Steven, o meu segundo irmão, continua necessitando de muita ajuda da família, por causa da síndrome de Asperger. Ele toma medicamentos antidepressivos, um problema comum nos indivíduos no espectro autístico. Como eu, caminha em círculos sempre que está pensando muito profundamente sobre algo. Ele deixou até uma marca em forma de círculo no jardim da família por onde roda tão freqüentemente. Steven é um bom músico, gosta particularmente de instrumentos de cordas. Aprendeu sozinho a tocar violão e alaúde grego. Ele também possui um conhecimento enciclopédico sobre sua banda favorita, o Red Hot Chili Peppers. Às vezes, meus pais reclamam do gosto de Steven, por usar cores berrantes (sapatos laranja, por exemplo) e mudar de penteado a cada semana. Não acho que precisem se preocupar, porque ele ainda está descobrindo quem é e testando formas diferentes de se sentir à vontade no mundo ao seu redor. Sei por experiência própria que esse processo pode levar tempo. Steven realiza trabalhos voluntários na organização de caridade local e sua obsessão atual é pelos Triops, pequenos crustáceos que se acredita serem a espécie animal viva mais antiga do mundo. É uma pessoa muito gentil e atenciosa, e estou orgulhoso dele e esperançoso quanto ao seu futuro.

Depois vem meu irmão Paul, que é um ano mais novo do que Steven e trabalha como jardineiro. Sabe tudo sobre plantas: quando plantar, onde situálas no jardim, que tipo de solo cada uma requer, de quanto sol cada planta necessita etc. Sempre que preciso de alguma dica para o meu jardim, sei que posso contar com Paul.

As duas gêmeas também cresceram: Maria, a mais velha por dez minutos, recentemente passou no GCSE com nota A em tudo. Como Claire, é um verdadeiro rato de biblioteca, passando grande parte do tempo lendo. Natasha acaba de dar à luz um filho, Matthew, tornando-me tio pela primeira vez. Tenho uma foto de meu sobrinho no armário da minha cozinha. Olhar para ela me ajuda a lembrar dos milagres da vida e do amor.

Finalmente vêm minhas irmãs mais novas, Anna-Marie e Shelley. Ambas são agora adolescentes ocupadas e barulhentas. Shelley compartilha meu amor pelos livros, com um gosto especial pelas obras de Jane Austen e das irmãs Brontë.

As visitas à minha família são sempre experiências felizes para mim. Agora me sinto muito mais próximo de cada um deles do que era possível quando eu estava crescendo. Olhando para trás, sou extremamente grato a todos pelo amor que me dispensaram e continuam dispensando. Seu apoio foi um grande motivo de qualquer sucesso que eu tenha tido na vida. Antes de cada visita, aguardo ansiosamente as nossas discussões sobre livros e palavras (e com freqüência, e inevitavelmente, sobre o Red Hot Chili Peppers) e as notícias de suas experiências e de seus planos e sonhos para o futuro. É uma honra fazer parte da vida deles.

Passo a maior parte dos dias em casa. É aqui que me sinto mais calmo, confortável e seguro, porque em toda a minha volta reinam a ordem e a rotina. De manhã, escovo sempre os dentes antes da ducha. Escovo cada dente individualmente e enxáguo a boca depois com água. No banho, uso óleos naturais — de melaleuca e jojoba — para ajudar a manter minha pele limpa e macia, pois sabonete resseca demais e me dá irritação. No café-da-manhã, como mingau. Adoro a sensação da textura da aveia na língua. Bebo xícaras de chá quente, minha bebida favorita, com leite desnatado durante o dia.

Cozinho regularmente, por ser uma experiência tátil que ajuda a relaxar. Uma receita é como uma operação ou equação matemática: o resultado (seja um bolo ou uma comida ao forno) é a soma de suas partes. Os ingredientes numa receita têm uma relação mútua; se você dobrar ou dividir pela metade um ingrediente, precisa lembrar de dobrar ou dividir pela metade os outros também. Como um exemplo, aqui está uma receita básica de um pão-de-ló para seis pessoas:

6 ovos
340 gramas de farinha com fermento
340 gramas de manteiga
340 gramas de açúcar superfino

Que também pode ser escrita assim:

6 ovos + 340 gramas de farinha com fermento + 340 gramas de manteiga + 340 gramas de açúcar superfino = pão-de-ló (para 6 pessoas)

Assim, para fazer o bolo para três pessoas, em vez de seis, mudo o resultado da operação para: pão-de-ló (para 3/6), que é o mesmo que 1/2; assim, divido pela metade a quantidade de cada ingrediente na operação (3 ovos, 170 gramas de farinha etc.) para chegar ao resultado novo.

Preparo grande parte da comida que comemos em casa usando receitas simples que coleto de livros, da família ou de amigos. Assamos nosso próprio pão e preparamos nosso próprio creme de amendoim para os sanduíches da hora do almoço. Às vezes, faço leite de aveia ou iogurte para o lanche. Preparamos também uma saborosa massa para tortas com pouca gordura que recheamos de maçãs das macieiras de nosso jardim. Neil usa parte da safra para preparar cidra fresca. Neil muitas vezes me ajuda na cozinha, e prepararmos juntos uma receita torna-se uma oportunidade de praticar minha capacidade de cooperar e me comunicar eficazmente como parte de um trabalho de equipe.

O jardim também possui uma ampla horta onde cultivamos cebolas, ervilhas, batatas, tomates, repolhos, alfaces e ervas como hortelã, alecrim e sálvia. Adoro cuidar da horta, por causa da tranqüilidade, do ar puro, do sol quente, e porque gosto de ouvir os pássaros cantando e observar os insetos rastejando cuidadosamente ao redor de árvores e plantas. A jardinagem proporciona um bom exercício e é relaxante, requer paciência e dedicação e me ajuda a sentir uma ligação maior com o mundo ao meu redor.

Existe uma forte sensação de calma e contentamento que advém de viver de uma forma mais auto-suficiente. Uma sopa preparada com tomates cultivados em casa e recém-colhidos é bem mais saborosa do que qualquer coisa comprada num mercado. Os meus amigos realmente gostam dos cartões de aniversário personalizados que faço para eles com cartolina simples, um lápis preto e alguns lápis de cor. Nossos gastos com comestíveis são baixos, pois planejo todas as nossas refeições com semanas de antecedência e fixo um orçamento antes de irmos às compras. Cerca de um terço da comida cultivada para consumo no Reino Unido acaba sendo jogada fora, em parte porque muitas pessoas compram mais do que precisam.

Durante algum tempo, fazíamos compras semanais no supermercado local, como fazem muitas pessoas. Entretanto, com freqüência eu me desligava, ficava ansioso e incomunicável devido ao tamanho da loja, ao grande número de fregueses e ao excesso de estímulos à minha volta. Os supermercados costumam ter uma calefação forte demais, o que é um problema para mim, porque minha pele pode ficar irritada e incomodada quando sinto calor excessivo. Depois, existem as luzes fluorescentes tremeluzentes que incomodam os olhos. A solução foi trocá-los por lojas locais menores, que são bem mais confortáveis para mim, costumam ser mais baratas e apóiam os pequenos negócios em nossa comunidade.

Quando vamos às compras, Neil sempre dirige, porque não sei guiar. Fiz o exame prático duas vezes no passado, após muitas aulas, mas fui reprovado. As pessoas no espectro autístico geralmente precisam de experiência, prática e concentração extras para aprender a dirigir. Isto porque tendemos a não ter boas habilidades espaciais, necessárias para dirigir um automóvel. Outra dificuldade é julgar como os outros motoristas poderiam se comportar, e entender que nem todos os condutores obedecem a todas as regras o tempo todo. Felizmente, Neil não se importa em dirigir para nós dois.

Tenho vários planos para o futuro. Um é continuar ajudando organizações de caridade, como a National Autistic Society e a National Society for Epilepsy, que são importantes para mim. Quando dou uma palestra para fins de caridade diante de um grande número de pessoas, fico sentado ou de pé de maneira a conseguir ver Neil no público e imagino estar falando apenas para ele. Assim, não fico tão nervoso.

Planejo ainda continuar colaborando com cientistas e pesquisadores para descobrir mais sobre meu cérebro e seu funcionamento. Após meu recorde do número pi e o documentário *Brainman*, choveram pedidos de cientistas do mundo inteiro para me estudarem. Em 2004, encontrei-me com o maior especialista mundial em síndrome de *savant*, o Dr. Darold Treffert, em Wisconsin, Estados Unidos. Nesse encontro fui informado de que eu correspondia aos critérios de diagnóstico desse distúrbio. Desde então, venho contribuindo regularmente com diferentes projetos de pesquisa científica. Eis dois exemplos de estudos recentes:

Em 2004, o professor Daniel Bor, da Unidade das Ciências da Cognição e do Cérebro do Medical Research Council, em Cambridge, submeteu-me a um teste de repetição de dígitos (*digit span*): a capacidade de processar informações numéricas seqüenciais e lembrá-las na ordem correta. Durante cada parte do teste, colocaram-me sentado diante de uma tela de computador que exibia seqüências de números, um de cada vez, a uma velocidade de um dígito por meio segundo. Após cada seqüência, pediram que eu digitasse os números no computador. Minha amplitude de dígitos foi de doze, o dobro da faixa normal de cinco a sete dígitos. Quando o computador exibiu números que haviam sido aleatoriamente coloridos, para testar se interferiam com minha sinestesia, meu desempenho caiu para dez a onze dígitos. O professor Bor disse que jamais vira alguém antes com uma amplitude de dígitos superior a nove e que meu escore era raríssimo.

Neil Smith, professor de lingüística da University College, em Londres, realizou um experimento no verão de 2005 que examinou a maneira como processo certos tipos de construções de sentenças. Todas as frases envolviam o que os cientistas da linguagem denominam "negação metalingüística", onde a negação funciona não através das palavras da sentença, mas por como ela é expressa. Por exemplo, quando mostrada para a maioria das pessoas, a sentença "João não é alto, ele é um gigante" é completamente compreensível. João é tão grande que dizer que ele é alto é pouco. No entanto, eu só entendo esta distinção porque ela me foi minuciosamente explicada. O experimento mostrou que, para mim, tais sentenças eram contraditórias e difíceis de analisar com sucesso. Trata-se de um problema comum para indivíduos no espectro autístico, devido à literalidade dos nossos processos de pensamento e compreensão.

Existe outra maneira pela qual espero que minhas habilidades possam ajudar os outros no futuro, encorajando uma valorização maior de formas diferentes de aprendizado. Auxílios visuais podem ser benéficos a muitos estudantes "neurotípicos", bem como àqueles no espectro autístico. Por exemplo, cores diferentes para marcar os substantivos, verbos ou adjetivos podem proporcionar uma introdução simples e eficaz à gramática. Similarmente, nos cursos de línguas *on-line* que escrevi para meu *site*, o vocabulário novo é apresentado com as letras das palavras em tamanhos diferentes, ajudando a dar a cada palavra uma forma única. Letras pouco freqüentes, como *q*, *w*, *x* e *z*, são impressas em tamanho pequeno, enquanto letras de freqüência média como *b*, *c*, *f* e *h* aparecem em tamanho normal e letras de grande freqüência (vogais e consoantes como *l*, *r*, *s* e *t*) são as maiores. Assim, a palavra alemã *zerquetschen* (esmagar) é apresentada como *zerquetschen*, a palavra francesa *vieux* (velho), como *vieux* e a espanhola *conozco* (conheço), como *conozco*.

Quaisquer aspirações que tenho para minha vida pessoal são realmente simples: continuar me esforçando ao máximo no relacionamento com Neil, continuar praticando as minhas habilidades de comunicação e aprendendo com meus erros, e viver um dia de cada vez. Espero também me aproximar ainda mais da minha família e amigos, e que este livro permita me conhecerem e entenderem ao menos um pouco melhor.

Ainda me lembro vivamente da experiência que tive na adolescência deitado no chão do quarto olhando para o teto. Eu estava tentando visualizar o universo na minha cabeça, obter uma compreensão concreta do que era o "todo". Na minha mente, viajei aos confins da existência e olhei para além deles, curioso com o que encontraria. Naquele instante, senti-me realmente indisposto e consegui ouvir o coração batendo forte dentro de mim, porque, pela primeira vez, percebi que o pensamento e a lógica tinham limites e só podiam levar uma pessoa até certo ponto. Essa percepção me assustou e levei muito tempo até me acostumar com ela.

Muitas pessoas se surpreendem quando ficam sabendo que sou cristão. Elas imaginam que o autismo dificulta ou impossibilita a crença em Deus ou a exploração do lado espiritual. É bem verdade que minha síndrome de Asperger torna mais difícil para mim a empatia ou o pensamento abstrato, mas não me impediu de pensar nas questões mais profundas sobre coisas como vida e morte, amor e relacionamentos. Na verdade, as pessoas com autismo se beneficiam da crença religiosa ou da espiritualidade. A ênfase da religião no ritual, por exemplo, é salutar aos indivíduos com distúrbios no espectro autístico, que se beneficiam muito da estabilidade e regularidade. Num capítulo de sua autobiografia intitulado "Escada para o Céu: Religião e Crença", Temple Grandin, uma escritora e professora de zoologia autista, descreve a sua visão de Deus como uma força ordenadora no universo. Suas crenças religiosas resultam de sua experiência na humanização dos matadouros de gado e da sensação de que deve haver algo de sagrado na morte.

Como acontece com muitos autistas, minha atividade religiosa é basicamente intelectual, e não social ou emocional. Durante o Ensino Médio, não tinha nenhum interesse na educação religiosa, nem acreditava na possibilidade de que um deus ou a religião pudessem ser benéficos nas vidas das pessoas. Isto porque Deus não era algo que eu pudesse ver ou ouvir ou sentir, e porque os argumentos religiosos que eu lia e ouvia não faziam nenhum sentido para mim. O divisor de águas adveio com minha descoberta dos textos de G. K. Chesterton, um jornalista inglês que escreveu amplamente sobre suas crenças cristãs no princípio do século XX.

Chesterton foi uma pessoa notável. Na escola, seus professores o descreveram como um sonhador que não estava "no mesmo plano dos outros", enquanto na adolescência ele criou com amigos um clube de debates, às vezes defendendo uma idéia por horas a fio. Ele e o irmão Cecil certa vez discutiram durante dezoito horas e trinta minutos. Conseguia citar de memória capítulos inteiros de Dickens e outros escritores e lembrava as tramas de todos os dez mil romances que avaliou como parecerista de uma editora. Suas secretárias relataram que ele costumava ditar um ensaio ao mesmo tempo que escrevia outro à mão sobre um tema diferente. Mas ele vivia se perdendo, tão absorto nos pensamentos que às vezes tinha de ligar para a mulher para que o ajudasse a voltar para casa. Também tinha um fascínio pelas coisas do dia-a-dia à sua volta, escrevendo numa carta à esposa: "Não acredito que ninguém extraia um prazer tão ardente das coisas, em si mesmas, como eu. A aquosidade espantosa da água me entusiasma e intoxica. O fogoso do fogo, o acerado do aço, o inexprimível lamacento da lama." É possível que o próprio Chesterton estivesse na extremidade de alto nível funcional do espectro autístico. Com certeza sempre me senti próximo dele lendo sobre suas experiências e idéias.

Ler Chesterton na adolescência ajudou-me a obter uma compreensão intelectual de Deus e do Cristianismo. O conceito da Trindade, de Deus composto de um relacionamento vivo e amoroso, era algo que eu podia imaginar na minha cabeça e que fazia sentido para mim. Também me fascinei com a idéia da Encarnação, de Deus revelando-Se ao mundo de forma humana e tangível como Jesus Cristo. Mesmo assim, só aos 23 anos decidi participar de um curso na igreja local, que procurava ensinar os fundamentos do Cristianismo em encontros sociais semanais. A cada semana, eu comparecia ao encontro e esgotava os colegas do grupo, fazendo uma pergunta após a outra. Eu não estava interessado em rezar para pedir orientação ou em ouvir as experiências dos outros, mas em obter respostas às minhas perguntas. Felizmente, Chesterton respondeu a cada uma delas em seus livros. No Natal de 2002, tornei-me cristão.

Devido ao meu autismo, às vezes pode ser difícil para mim entender como as outras pessoas pensariam ou se sentiriam em qualquer situação hipotética. Por isto, meus valores morais se baseiam em idéias que sejam lógicas, que façam sentido para mim e nas quais eu tenha refletido profundamente, mais do que na capacidade de "sentir o que os outros sentem". Sei tratar cada pessoa que encontro com bondade e respeito, porque acredito que cada uma seja única e criada à imagem de Deus.

Não vou muito à igreja, porque posso não me sentir bem com tantas pessoas sentadas e de pé em torno de mim. Contudo, nas poucas ocasiões em que entrei em uma, a experiência me pareceu muito interessante e tocante. A arquitetura costuma ser complexa e bonita, e realmente gosto da imensidão de espaço sobre a minha cabeça ao olhar para os tetos elevados. Na infância, adorava ouvir hinos religiosos sendo cantados. A música definitivamente me ajuda a ter sentimentos que podem ser descritos como religiosos, como de unidade e transcendência. Minha canção favorita é "Ave Maria". Sempre que a ouço, sinto-me totalmente envolto pelo fluir da música.

Algumas de minhas histórias favoritas são da Bíblia, como a de Davi e Golias. Muitas empregam uma linguagem simbólica e vívida que consigo visualizar e que me ajuda a entender as narrativas. Há muitas passagens bonitas e inspiradoras na Bíblia, mas a minha favorita é a seguinte, de 1 Coríntios: "O amor é paciente, é benigno, o amor não arde em ciúmes, não se ufana, não se ensoberbece, não se conduz inconvenientemente, não procura os seus interesses, não se exaspera, não se ressente do mal; não se alegra com a injustiça, mas regozija-se com a verdade; tudo sofre, tudo crê, tudo espera, tudo suporta. O amor jamais acaba. Agora, pois, permanecem, a fé, a esperança, o amor, estes três: porém o maior destes é o amor."

Dizem que todos têm um momento perfeito vez ou outra, uma experiência de completa paz e conexão, como contemplar o panorama do alto da Torre Eiffel ou observar uma estrela cadente no céu noturno. Não tenho muitos desses momentos, mas Neil diz que está tudo bem, que por serem raras é que estas ocasiões são tão especiais. Meu momento mais recente deste tipo foi num fim de semana no último verão em casa — eles costumam acontecer comigo quando estou em casa — após uma refeição que eu havia preparado e comido com Neil. Estávamos sentados juntos na sala de estar, sentindo-nos plenos e felizes. De repente, experimentei uma espécie de auto-esquecimento, e naquele breve e brilhante momento toda a minha ansiedade e falta de jeito pareceram desaparecer. Virei-me para Neil e perguntei se ele tivera a mesma sensação e ele respondeu que sim.

Imagino esses momentos como fragmentos ou lascas no decorrer de uma vida. Se uma pessoa conseguisse coletar todos eles e juntá-los, teria uma hora perfeita ou até um dia perfeito. E acredito que nessa hora ou dia estaria mais próxima do mistério do ser humano. Seria como ter um vislumbre do céu.

1ª edição	NOVEMBRO DE 2007
impressão	LIS GRÁFICA E EDITORA
papel de miolo	PÓLEN SOFT 80G/M²
papel de capa	CARTÃO SUPREMO ALTA ALVURA 250G/M²
tipologia	BEMBO